教育部人文社会科学研究规划基金项目（13YGA630094）资助

高校科技成果转化机理与对策研究

王 欣◎著

科 学 出 版 社
北 京

内 容 简 介

本书剖析了高校科技成果转化的内涵和管理体系；研究了高校科技成果转化模式、GSSP机制和知识增值机理；研究了高校科技成果向现实生产力转化的机理；构建了高校科技成果转化与知识管理的耦合体系及知识管理体系，并对高校科技成果转化知识管理体系进行了实际评价，提出了提高高校科技成果转化效率和知识管理绩效的有效对策。

本书兼具理论价值和实践意义，可供高校、企事业单位、科研院所、政府部门等相关研究人员和管理人员阅读，也可为社会各界关注科技成果转化及产学研协同创新的有识之士提供参考。

图书在版编目(CIP)数据

高校科技成果转化机理与对策研究 / 王欣著. —北京：科学出版社，2017.4

ISBN 978-7-03-052289-4

Ⅰ. ①高… Ⅱ. ①王… Ⅲ. ①高等学校-科技成果-成果转化-研究-中国 Ⅳ. ①G644

中国版本图书馆 CIP 数据核字（2017）第053026号

责任编辑：石 卉 刘巧巧 / 责任校对：郭瑞芝
责任印制：李 彤 / 封面设计：有道文化
编辑部电话：010-64035853
E-mail:houjunlin@mail.sciencep.com

科学出版社 出版
北京东黄城根北街16号
邮政编码：100717
http://www.sciencep.com
北京凌奇印刷有限责任公司 印刷
科学出版社发行 各地新华书店经销
*
2017年4月第 一 版 开本：B5（720×1000）
2022年1月第六次印刷 印张：12 1/2
字数：252 000
定价：68.00元
（如有印装质量问题，我社负责调换）

前　言

科技成果转化是连接科学技术与社会经济发展的重要纽带，对推动科技进步、促进经济发展有重要作用。科技成果是潜在的生产力，只有将潜在生产力转换为现实生产力才能提高国家的综合实力，促进经济快速发展。世界各国越来越重视科研成果转化及规模化生产，截止到 2010 年，西方发达国家的科技成果转化率达 60%～80%，而我国不足 25%，科技成果转化效率低是制约我国建设创新型国家的瓶颈。我国科技成果转化效率低的原因之一就是科技成果转化知识管理不善、知识管理体系不健全，不能很好地对科技成果转化进行动态管理。

国内外学者对科技成果转化问题进行了大量研究，但大都集中于科技成果转化的现状、存在的问题、导致问题出现的原因、促进科技成果转化的对策、科技成果转化的影响因素，以及科技成果转化的机制和模式等方面。从收集到的资料看，国内外学者对科技成果转化知识管理进行系统的研究尚处于起步阶段。

高校是科技成果的重要生产基地，高校科技成果转化（基础研究→应用研究→中间试验→商品化→产业化）是知识的转移、转化、增值过程，知识流动的速度和效率决定科技成果转化的速度和效率，知识管理是对高校科技成果转化中知识流动进行管理的有效方法。我国落后的科技成果管理方式已经跟不上时代的发展，而知识管理是新兴的管理思潮与方法，因此，将知识管理应用于科技成果转化领域，建立完善的知识管理体系，可以拓展知识管理的应用领域，促进我国科技成果管理方式的科学化、知识化、规范化，促进科技成果的有效转化。

科技成果转化过程中的知识管理是提高科技成果转化率的有力保证，本书以知识管理的新观念、新方法为基础，运用复杂系统理论、协同论、知识演化理论、动态能力理论、系统动力学理论、博弈论、模糊理论、三螺旋理论等深入研究了科技成果转化的知识管理，并对高校科技成果转化知识管理体系进行了构建与评价，针对实际存在的问题，提出了可行的发展对策，这将有利于提高高校科技成果的转化效率，提高我国自主创新能力，促进我国社会经济发展。

本书从知识管理视角研究高校科技成果转化的内涵，剖析其管理体系结构；运用知识管理理论研究高校科技成果转化的过程，将其分为确立、试验、生产和产业化阶段；研究高校科技成果转化组成体系，确立高校科技成果转化的支撑体系；研究高校科研成果向生产力转化的机理；根据高校科技成果转化阶段与知识的关系建立 GSSP 机制模型；对高校科技成果转化知识转移和知识增值进行深入的研究，通过对知识增值影响因素的分析，建立高校科技成果转化知识增值系统动力学模型，并通过实例进行知识增值的仿真；运用演化经济学和复杂系统理论构建高校科技成果转化知识管理体系自组织演化模型及科技成果转化知识管理支撑体系，明确知识管理和高校科技成果转化主体耦合互动作用机理、科技成果转化知识创新作用机理，构建高校科技成果转化与知识管理的耦合体系；构建高校科技成果转化模式选择博弈模型；研究高校科技成果转化知识管理体系评价指标，并采用模糊层次分析方法对实例进行评价。本书通过上述研究及对高校科技成果转化关键成功因素和存在的主要问题的研究，提出促进高校科技成果转化效率和提高知识管理绩效的对策。

本书内容丰富，结构体系完整、合理，思路清晰，从理论和实践两方面对高校科技成果转化知识管理过程和体系等进行深入、系统的理论探讨和实际评价，构建了高校科技成果转化知识管理体系评价详尽系统框架，并将科技成果转化外部知识管理纳入到系统框架中，使得这一框架更加完善。本书为科技成果转化提供了新思路与新方法，具有较高的学术价值。本书提出的加快高校科技成果转化的若干对策和提高知识管理绩效的相应措施，对促进科技成果推广、转化及产业化，提升自主创新能力，进一步完善政产学研有机结合的科技创新，提高科技创新能力和水平；提高高校科技成果转化速度和效率；促进科技成果的商品化和产业化，提高科技成果转化为现实生产力的能力；推动科技与经济深度融合，促进我国经济社会的可持续发展，具有重要而深远的影响。另外，本书也可以为政府制定产业政策，以及高校和企业制定发展战略提供理论指导和方法支撑，对促进技术创新可持续发展，进而实现我国创新型国家战略具有重要意义。

本书是教育部人文社会科学研究项目“基于知识管理的高校科技成果转化机理与对策研究”（13YGA630094）和吉林省科技发展计划项目“产学研协同创新机制及技术转移体系构建研究”（20150418007FG）的主要研究成果之一。作者在研究过程中得到了教育部和吉林省科技厅有关部门的大力支持，得到了项目组同仁的无私帮助，在此一并表示衷心感谢！

由于作者的水平有限，书中难免有不妥之处，敬请广大读者批评指正。

王　欣

2017 年 2 月

目　录

第1章

高校科技成果转化的内涵和管理体系剖析

科技成果转化能力是国家创新能力的重要组成部分，提升科技成果转化能力对于完善国家创新体系、实施创新驱动战略、加速创新型国家建设具有重要的作用。科技成果转化活动有利于加快实施创新驱动发展战略，促进科技与经济相结合，有利于提高经济效益、社会效益，有利于保护环境，有利于合理利用各类资源，有利于促进国民经济建设、社会发展和维护国家安全。

高校是科技成果的主要产出者，是科技成果转化为现实生产力的源泉和基础。教育部科技司《2012年高等学校科技统计资料汇编》显示，目前我国高校从事科学研究和技术开发的人员近80万人，占全国科研力量的22%；高校每年产出的科技成果达数万项，占全国完成的科技成果总数的70%，其中30%以上的成果达到国际首创、国际领先或填补国内空白的水准。2016年1月8日，科技部颁布了2015年度国家科学技术奖获奖项目，全国共有120所高校作为主要完成单位获得了该年度174项国家科学技术奖的三大奖，占通用项目总数233项的74.7%。其中，有67所高校作为第一完成单位的获奖项目数为125项，占授奖总数的53.6%。然而，我国高校每年产出的数万项专利应用率不足25%，转化率不到10%，远远低于发达国家60%～80%的水平，且最终能够实现产业化的更是寥寥无几。我国科技成果转化存在许多问题，如何提高科技成果转化率是值得研究的重点课题。2015年8月，第十二届全国人民代表大会常务委员会第十六次会议对《中华人民共和国促进科技成果转化法》进行了修订，明确了职务科技成果和科技成果转化的概念，使我国科技成果转化和产业化工作进入了一个崭新的阶段。

加强科技成果转化过程中的知识管理是提高科技成果转化率的有力保证。本书以知识管理的新观念、新方法研究高校科技成果转化的机理和转化机制，以利于促进高校科技成果转化效率、促进我国自主创新能力的对策，进而促进我国经济的飞速发展。

1.1 高校科技成果转化的内涵与特征

科技成果转化是技术创新最为重要的一个环节，是新技术、新发明、新设计实现市场价值的重要环节，是科技进步支撑经济发展的关键所在。科技成果是潜在的生产力，只有将潜在的生产力转换为现实的生产力才能提高国家的综合国力、促进经济快速发展。

1.1.1 高校科技成果的含义与特点

1.1.1.1 科技成果的概念

很多文献资料对科技成果进行了定义。例如，《中国大百科全书》将科技成果定义为，人们在科学技术活动中通过复杂的智力劳动所得出的具有某种被公认的学术或经济价值的知识产品；《中华人民共和国促进科技成果转化法（2015年修订）》第二条规定，科技成果是指通过科学研究与技术开发所产生的具有实用价值的成果[1]；《现代科技管理辞典》将科技成果解释为，科研人员在他们从事的某一科学技术研究项目或课题研究范围内，通过实验观察、调查研究、综合分析等一系列脑力、体力劳动所取得的，并经过评审或鉴定，确认具有学术意义和实用价值的创造性结果。所以说，科技成果是在特定的范围内经过实践证明先进的、成熟的、适用的，能够获得良好的经济、社会或生态环境效益的创造性成果。科技成果的内涵与知识产权和专有技术等基本一致，属于无形资产部分。国家科学技术委员会1994年发布的《科技成果鉴定办法》

给出了科技成果所包含的范围，将科技成果大致分为三类，即基础理论成果、应用技术类成果和软科学成果。应用技术类成果与基础理论成果和软科学成果相比最大的不同是带来的效益不同。应用技术类成果可以被直接应用于生产或服务过程，可以直接创造出知识、技术及价值含量高的新产品或服务，可以更好地满足人们日益增长的物质与文化需求，因此，目前研究最多的就是应用技术类成果。我国现有的科技管理体系认为科技成果就是自然科学技术成果，不包括社会科学研究成果。我们认为此理解是狭义的、片面的。科技成果应该是广义的，凡是在科学技术活动中，通过复杂的智力劳动所取得的，具有某种被公认的学术价值或经济价值的知识产品都是科技成果。

1.1.1.2 高校科技成果的含义

高校科技成果，即高校的科研人员通过开展科技创新活动所取得的一系列成果，包括自然科学成果、社会科学成果和自然科学与社会科学交叉形成的科技成果。成果的形式有科学理论成果、可物化的应用技术成果及软科学成果等三类。其主要知识表现形式有专利、论文、论著等显性知识产出，这部分知识可以通过引用、转让、许可等显性方式向外传播、扩散；另外，在科研项目的研发过程中实现了人的能力的提高，产生了技能型知识，这些知识储存于研发人员的大脑中，无法直接测度。但是技能性知识可以通过企业委托研发或提供技术服务等方式，转化为显性知识，并向产业界流动，从而实现高校知识向企业及社会的转移。此外，技能型知识也会伴随着人员流动、培训等形式向社会扩散。

1.1.1.3 高校科技成果的特点

高校科技成果具有新颖性和先进性，没有先进性和新颖性的科学技术不能算作科技成果；大部分的科技成果具有有形性，可以是新产品、新工艺、新材料和科研报告等；科技成果具有实用性，可以通过某种形式满足人们的需要；科技成果是通过鉴定、评审等形式，如专利审批、专家鉴定、专家验收、检测、评估或者其他的形式认定的。

1.1.2　高校科技成果转化的内涵

1.1.2.1　科技成果转化的概念

目前，对于科技成果转化概念的内涵还没有统一的界定，但这是开展科技成果转化进一步研究的基础，也是学者们争论的焦点。人们从科技成果转化概念的内涵的不同侧重点和视角进行研究，给出了不同的界定范围，因此有必要明确其内涵。

国外很少有文献提到“科技成果转化”及“高校科技成果转化”的概念，一般称为“技术转移”（technology transfer）、“技术扩散”（technological diffusion）、“技术创新”（technology innovation）、“大学向商业部门的技术转移”（university to business technology transfer）、“学术成果商业性转化”（commercialization of academic research results）、“大学商业性转化活动”（commercialization of university）、“大学－产业合作”（university-business partnerships）等。Bennett 等认为，科技成果转化是从投入到产出，评估市场化需求，从抽象成果转化成现实生产力的过程[2]。其内涵和外延与高校科技成果转化也有些区别。

技术转移的内涵很广泛，既包括技术市场上的技术贸易、技术成果的转化，也包括新技术、新工艺、新产品的应用和推广，同时还包括成熟技术、适用技术、技术装备、生产工艺等的梯度转移。技术转移既包括国家之间的技术转移，又包括技术生成部门向使用部门的转移，以及使用部门之间的转移等。

技术扩散是一项技术从首次得到商业化应用，经过大力推广、普遍采用，直至最后因落后而被淘汰的过程。

技术创新指生产技术的创新，既包括开发新技术，又包括将已有的技术进行应用创新。科技成果转化的理论起源是技术创新理论和技术扩散理论。1912 年，经济学家约瑟夫·熊彼特首次在《经济发展理论》一书中提出“创新理论”这一概念。技术创新与科技成果转化密不可分。

高校的技术转移主要是指技术从一所高校以某种形式转移到另外一所高校及高校之外的主体。它既包括从高校到高校，也包括从高校到使用部门（企业和商业经营部门）等的转移。技术转移就是确保随着技术的扩散能够进一步开发出新的产品、工艺、应用、材料及服务等，从而为人们所使用。

学术成果商业性转化、大学商业性转化活动、大学－产业合作等是将科学发现和发明转化为市场化产品和服务的过程[3]。美国、加拿大等国的学术研究主要由大学来完成，因此，他们说的学术成果商业化就是高校的科技成果转化。欧洲等国家和地区的科技成果除了由大学完成外，还包括国家的科研机构等。

20世纪90年代，国家科学技术委员会一个课题组给出科技成果转化的定义，即科技成果从研究、开发、中试、试制、生产、销售至取得较高的经济回报所经历的过程[4]。1996年10月1日施行的《中华人民共和国促进科技成果转化法》第二条对科技成果转化进行了界定，科技成果转化是指为提高生产力水平而对科学研究与技术开发所产生的具有实用价值的科技成果所进行的后续试验、开发、应用、推广直至形成新产品、新工艺、新材料，发展新产业等一系列活动。《中华人民共和国促进科技成果转化法（2015年修订）》第二条给出了科技成果转化的定义，科技成果转化是指为提高生产力水平而对科技成果所进行的后续试验、开发、应用、推广直至形成新技术、新工艺、新材料、新产品，发展新产业等活动[1]。

狭义的科技成果转化是指将科技成果直接转化为现实生产力的过程，通常是指应用性研究成果通过技术开发和产品开发，形成新产品、新工艺和新的管理技术和方法，其具体表现为科技成果的市场化、产业化、国际化[5]。

广义的科技成果转化是指在一定的时代背景下，科技实践主体依据当时的科学知识和技术能力，为了发展科学、创新技术和发展生产，在科学、技术、经济、社会的互动发展及其一体化的实践活动中所实现的科技成果内容与形式不断变化的全部总和，包括“科学→技术→生产”各个阶段，以及“基础研究→应用研究→开发研究→社会生产”各个环节中的一切变化和转化[6]。科技成果转化的实质就是再现规律，然后利用规律来提高生产或生活能力，实现有目的的社会实践活动。

1.1.2.2 高校科技成果转化的概念

关于高校科技成果转化的概念，不同学者分别从高校科技成果的形成、转移过程和机制等多方面给予了界定。

郭强、夏向阳、赵莉认为，高校科技成果转化是指高校充分发挥自身科学研究的人才、资源、信息和知识优势，为服务社会、参与创新型国家建设，将科学研究与技术开发中形成的具有实用价值的科技成果，以自主、委托、合作、销售或以其他形式进行后续试验、开发、应用、推广，直至形成新产品、新工艺、新材料，并产生实际经济效益和社会效益，由此而经过产品化、商品化和产业化的一系列活动和过程的总称[7]。蒋建湘、庞青山认为，高校科技成果转化是指对高校具有实用价值的科技成果进行实际运用并产生经济效益和社会效益的商品化及产业化的全部活动和过程[8]。宋东林、付丙海认为，高校科技成果转化是指高等学校充分挖掘自身的资源，发挥自身的科技优势，为提高生产力水平而对科学研究与技术开发所产生的具有实用价值的科技成果所进行的后续试验、开发、应用、推广直至形成新产品、新工艺、新材料，发展新产业等活动[9]。综上所述，本书认为，高校科技成果转化即从各类科技成果的创造形成到转化为现实生产力的过程。提高生产力水平，即形成现实生产力。高校科技成果转化就是将实验室产品，经过后续的试验、开发、应用及推广等形成新的产品、新的工艺、新的材料，发展新的产业等活动，其实质是将实验室产品转化为商品，再将商品进行产业化生产经营活动的过程。

高校科技成果转化既包括自然科学成果的转化，也包括社会科学成果的转化，以及自然科学与社会科学交叉的科技成果的转化。但是目前研究比较多的是自然科学成果的转化，即应用技术性成果的转化，关注的是科技成果转化的经济价值或科技成果的经济价值。社会科学成果及自然科学与社会科学交叉的科技成果的转化带来更多的是社会价值，而对带来社会价值的科研成果转化尚未予以明确界定。应用技术类成果转化为商品，更多的是创造经济价值，它对现实生产力的推动作用比较大，比较好进行统计。然而基础理论类成果转化为应用技术类成果，或者是应用技术类成果激发基础理论类成果产生的价值不容易进行估计，但是这些成果的转化也属于科技成果转化。基础理论类成果同样可以促进社会进步，促进科学技术水平的提高，也可以产生现实的生产力，只是这部分科技成果产生的价值难以进行计量，而科学技术的进步很大程度上需要基础理论类成果的推动。产学研合作是应用基础理论类研究成果转化为现实生产力的重要途径，国家也越来越重视产学研合作创新。

随着技术的发展和高校科技成果转化的多样性，高校科技成果的内涵发生了变化，要想有效地进行高校科技成果的转化，就要准确把握高校科技成果转化的内涵。高校科技成果转化主要是高等院校所受公共资助项目中，具有潜在市场应用价值的科研成果，通过各种形式实现市场价值和商业收益的相关活动和过程。高校科技成果的转化既包括技术转移，即以专利、论文、报告等为主要形式的显性知识的转移和应用；又包括技术服务，即高校科研人员应用自身掌握的技能、技巧等内在的隐性知识为社会（企事业单位）提供的技术服务。因此，科技成果转化的实质是进行知识的移动，以知识要素为研究对象的知识管理与科技成果转化有着天然的内在耦合关系，知识转移是高校科技成果转化和知识管理存在耦合关系的关键。

上文有关高校科技成果转化的描述比较全面、深刻地揭示了科技成果转化的内涵：首先，高校科技成果是指有实用价值的知识产品或服务；其次，“科技成果转化”是一个动态的、知识转移的创新过程；再次，科技成果转化要形成“三新”，即新产品、新工艺或者新产业；最后，高校科技成果转化要遵循商品经济规律，形成良好的商业收益和转化机制。

高校科技成果转化的内涵如图 1-1 所示。

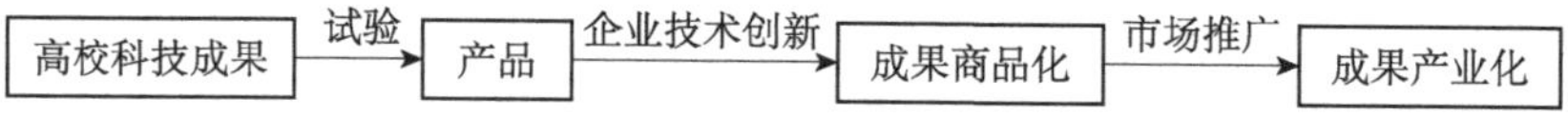

图 1-1　高校科技成果转化的内涵图

由图 1-1 可知，高校科技成果的转化包括三个阶段：一是高校科技成果通过试验、开发转化为产品的过程；二是企业将科技成果与生产结合物化为商品，是商品生产发展的过程，即狭义的科技成果商品化；三是商品推广，使商品占领市场，扩大商品的生产，使得商品产业化，取得较大的经济价值和社会价值的阶段，即将科技成果转变为现实生产力。科技成果转化只有经过上述三个过程，取得三个阶段的成功，最终才能将潜在的生产力转化为现实的生产力。

为提高社会生产力和科技创造性，高校充分利用自身的知识优势，采取一定的方式和途径，使知识流在科技成果的后续试验、开发、应用、推广，最终在“物化”为经济效益和社会效益的过程中得以顺利流动，通过对知识的学习、获取、整合、保存、开发、共享、应用与创新而使具有实用价值的科技成果转化为商品，提高科技成果的转化效率，提升转化效果，最终形成新产品、新技术等的商品化和产业化的过程。

1.1.3 高校科技成果转化的实质与特征

1.1.3.1 高校科技成果转化的实质

科技成果转化实质是一个知识转移的过程。对高校来说，科技成果转化就是将研究出来的科技成果从高校向潜在用户进行转移的过程。从科学技术角度来看，科技成果转化就是将科技成果由高校的实验室向生产企业进行转化的过程。从生产企业角度来看，科技成果转化就是将高校研究出的科技成果转化为商品的应用过程。从社会角度来看，高校科技成果转化就是将高校研究出的科技成果推向社会、为广大劳动者服务的过程，实际是科技成果的一个推广活动。总之，高校科技成果转化就是将高校研究活动所产生的潜在生产力转变为现实生产力的过程。

1.1.3.2 高校科技成果转化的特征

对我国高校科技成果转化的特征进行分析，有利于明确高校科技成果转化中存在的主要问题，以制定有针对性的政策。

高校科技成果转化是科技成果转化的一个子系统，因此，它除了有一般科技成果转化的阶段性、间接性、风险性和相关性等共同特征外，还具有自己的特征。高校科技成果转化具有如下的特征。

（1）与高校的教学科研活动密不可分。高校科技成果转化的最显著、最有特征的一个特点是高校科技成果是高校教师在高校教学科研活动中直接或间接取得的。无论高校的科技成果转化是围绕着教学科研活动展开，还是脱离高校教学科研活动之外为社会服务，高校科技成果转化的新思想、新发明都会对高校的教学科研工作带来裨益。科技成果研发过程中所产生的新知识、新技术可以反过来促进学科建设、丰富教学内容、改进教学手段和方法等，形成的新学科、新理论、新观点可以直接应用于教学过程，提高人才培养质量。

（2）高校科技成果是多学科的、高度专业化的。科技成果越来越多学科化，而高校具有多学科、高度专业化的特点，因此，高校的科技成果多学科、专业化程度越来越强，这也是其他科研机构和企业无法比拟的。

（3）高校科技成果转化具有多样性。高校科技成果转化可以采取多种形式，如通过校企合作、孵化器、中介转化、自办企业等来实现，具有多样性特征。

（4）高校科技成果转化具有复杂性。高校教师在进行科学研究时，往往采用“选定项目→发表高水平的论文或进行成果鉴定→申报奖励”等传统模式。这些项目往往市场适应性比较差，很少考虑到市场的需求，虽然高校科技成果创新和应用价值较大，能够反映目前的主要技术，但是没有完全考虑市场的需求，进行科技成果转化比较困难，常常需要做进一步的研究才能适应市场，因此，高校科技成果转化复杂性高。

1.2　高校科技成果转化的管理体系与转化模式研究

1.2.1　高校科技成果转化管理体系

科技成果转化工作是一个由政府管理部门、科研管理机构、高校成果持有方、生产企业、中介机构和技术市场等要素所构成的系统，包括投入、转化、推广和产出等多个环节组成的复杂系统工程。高校科技成果的转化离不开成果持有方（高校）、成果需求方（企业）、成果管理部门（高校科研部门）、提供科研经费的政府管理部门、中介机构等各类推广主体和政策环境及保障条件等诸多因素的综合作用。所以，高校科技成果转化的管理体系就需要由科技成果转化过程中所涉及的管理部门和机构所构成，具体的管理体系如图 1-2 所示。

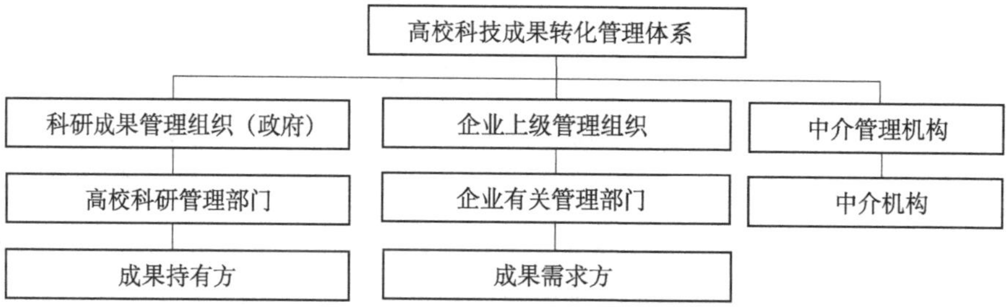

图 1-2　高校科技成果转化管理体系图

科研成果的管理组织有国家知识产权局、科技部等相关部委、经济和信息化委员会及其他政府部门。企业的上级组织有工业化管理部门、农业化管理部门等。政府管理机构通过制定科技成果推广政策、法律法规、计划，以及设立相应的管理机构，对科技成果供需双方及中介机构等实行具有决策导向的宏观调控，促进科技成果商品化和产业化，为高校的科技成果产出和科技成果转移、生产企业接受和应用科技成果等创造支撑环境。中介机构由中介管理机构负责管理，中介管理机构可以是政府部门，也可以是协会或者民间组织等。

高校科研管理部门对成果的立项、研究、检查、推广等工作有组织和协调作用，高校科研管理部门对高校的科技成果形成有指导作用。高校要有与此相适应的科研理念、科研思路、运行机制和管理体制等，高校对科技成果的管理是否严格决定着高校科技成果的研发与转化效率。

高校是科技成果的持有方，是科技成果转化的重要依托单位，是科技成果转化为现实生产力的源泉和基础。科技成果的数量、质量和结构等决定了现实生产力的方向和转化的可能性等，科技成果的持有方在科技成果转化中起着非常重要的作用。

从企业看，企业有上级的管理机构，如果企业成果的需求方是企业的下属部门，它还要受企业有关部门的管理。生产企业是科技成果转化的重要实施单位，是科学技术与经济相结合、科技成果商品化和产业化的源泉，生产企业的需求期望、需求数量和结构直接影响着科技成果转化的速度、规模和过程。

高校科技成果转化受成果持有方上级部门和成果需求方上级部门的共同管理。

1.2.2　高校科技成果转化模式研究

1.2.2.1　国外高校科技成果转化模式研究

（1）美国高校科技成果转化模式。美国是最早倡导技术转让的国家之一，而且成效显著。1974 年，美国就成立了大学技术经理人协会（Association of University Technology Manaqers, AUTM），主要职责是发布技术转让信息、提供教育培训、召集和组织年会与地区工作会议、设立奖学金、鼓励技术转让专业人员交流等。美国科技成果产业化的主要模式是高校、科研机构与企业开展合作研究，合作研究不仅解决了资金问题，便于进行投资风险性高、技术密集性高、高保密性的竞争项目的开发，也有助于科技成果的快速转化。

（2）日本高校科技成果转化模式。第二次世界大战后，日本在高校科技成果转化中重视校企合作，采用了产学研合作模式。例如，联合研究、大学接受企业委托进行研究、高校教师到企业进行技术指导、高校接纳企业研究人员在学校进行科研活动、在高校设立联合研究中心等，而且政府为促进科技成果产业化制定了相应的制度。

（3）德国高校科技成果产业化模式。德国高校科技成果转化的重要模式是采用中介服务机构形式及高技术园区。中介服务机构帮助各行业的中小企业与高校共同开展研发活动，促进研究成果尽快在实际中应用[10]。而且，德国特别注重专利成果的转化，大学教师可从中获得收益，如发明成果转化可以获取30%的提成。

（4）韩国高校科技成果转化模式。韩国建立了比较完善的科技成果转化的法律体系。例如，出台了《产业教育促进与合作法》《科技成果转化促进法案》等促进高校科技成果转化的相关法律法规。高校的科技成果转化模式以产学研合作模式居多，很多高校成立了产学研合作基金会，取代了先前的科技成果转化办公室。而基金会成立后，取代了科技成果转化办公室的职能，同时对高校内部其他与产学研合作和科技成果转化相关的组织与资源进行了有效的整合，新的模式更关注于产学研的深度合作。此外，在韩国应用比较多的是科技园模式，如韩国庆北科技园。

1.2.2.2 国外高校科技成果转化模式的启示

适应市场需求是实现科技成果转化的基础。在美国，科技发展和科技成果转化主要靠市场机制，市场引导科研向应用研究倾斜[11]。市场需求是日本高技术产业化发展的基本驱动力。高校、研究机构与企业的产学研合作是科技成果转化的主要形式。企业的技术开发能力相对来说比较薄弱，但有资金的优势，高校、科研机构拥有科技开发人才、实验设备、仪器等优势，企业依托高校实现了强强联合、优势互补。政府的宏观调控为科技成果转化的顺利进行提供了保障。近些年，美国政府加强了对科技和经济的宏观调控，运用经济和法律等手段直接或间接地促进科技发展和科技成果产业化，注重专利法机制的建设与实施，提高科技人员创新的积极性。美国政府高度重视知识产权的保护，国家为专利申请和专利使用提供了方便和保护，对专利申请的条件做了明文规定。

韩国政府通过调整原有机构的职能或设立新的机构，使创新系列的每个环节都能得到政府的帮助和扶持，并且完善了科技成果转化法律体系，更注重产学研的深度合作。

德国政府在科技进步及成果产业化过程中的作用尤为突出，它对科技成果化实施的宏观调控主要通过加强科技立法，即法律导向与政策导向。德国专利制度不断完善，规定大学有权获得其科研人员的发明，有权申请专利。中介机构在科技成果转化中发挥了不可替代的作用。中介机构一方面为高校的研究成果寻找市场，另一方面将企业的课题和经营动态推介给高校，在科技成果转化方面起着牵线搭桥的作用。此外，完善的风险资本市场也为科技成果转化提供了资金保证。

目前，西方发达国家的高科技投资一般由有志于高科技投资的投资者共同出资组建，实行专家管理和运作方式，这种分散股权的投资方式是分散投资风险的主要形式。另外，退出机制是推动风险投资业发展的关键所在。国外一般利用证券交易市场收回风险投资，达到风险投资的良性循环。

1.2.2.3 国内高校科技成果转化模式研究

截止到2010年，我国高校科技成果转化率不到25%，产业化率不足5%，与发达国家60%～80%的转化率相距甚远，“科技成果转化困境”成为我国科研体系的软肋[12]。高校科技成果转化率与转化模式有着密切的关系，合理的转化模式是科技成果顺利地转化为社会实际生产力的有力保障。我国高校科技成果转化模式众多，针对这一问题，学者们做了详细的研究。朱宁宁、王溦溦[12]总结了我国科技成果转化的几种典型模式。宋东林、付丙海[9]研究了高校科技成果转化的定义及影响因素，并分析了国内外高校科技成果转化的主要模式。王睿、王巍、张效清阐述了科技成果转化的模式，并针对山西省主要的科技成果转化模式提出了对策建议[13]。

《中华人民共和国促进科技成果转化法（2015 年修订）》规定了科技成果持有者可以采用下列方式进行科技成果转化：自行投资实施转化；向他人转让该科技成果；许可他人使用该科技成果；以该科技成果作为合作条件，与他人共同实施转化；以该科技成果作价投资，折算股份或者出资比例；其他协商确定的方式。

目前，我国对高校科技成果转化模式的分类尚无统一的分类标准，根据《中华人民共和国促进科技成果转化法（2015 年修订）》的规定，可以形成不同的转化模式。我国目前常用的科技成果转化模式有如下几种。

（1）“三主一辅”高校科技成果转化模式。“三主一辅”高校科技成果转化模式就是在国家科技政策的引导下，依托高校、政府、企业三方各自的优势，政府牵头支持高校承担来自国家、企业等的科研项目；高校整合科研资源，开展研究和攻关，并将研究成果交付企业；企业根据市场变化提供信息、资金和科研项目等，与高校联合进行技术改造和产业升级，即科研立项、科研攻关、成果转化和成果产业化为一体化的发展模式，如图 1-3 所示。“三主”是指高校与企业建立产学联盟模式、高校与政府共筑互动发展模式和政府与企业搭建服务平台；“一辅”是指高校要不断提升自身的综合实力。高校的综合实力体现在科研的硬软件设施、资金和人才的综合素质等方面。

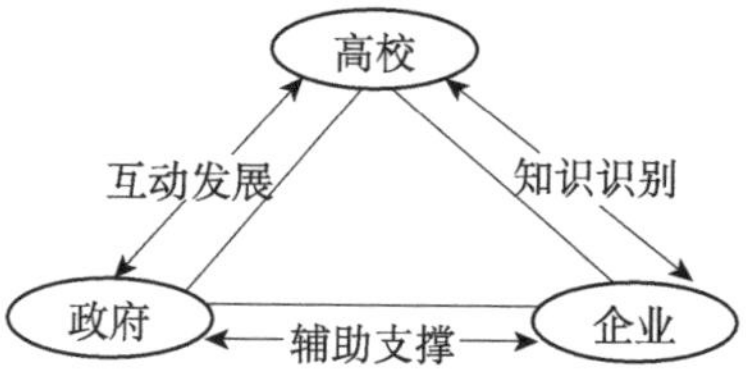

图 1-3 “三主一辅”高校科技成果转化模式图

（2）以政府为主导的转化模式——计划模式。我国政府越来越关注高校科技成果的转化。首先，从网站来看，各级政府分别建立了科技成果转化网站，已经形成了由国家到地方的各级转化网站，国家级的网站有中国高科技成果转化网（http：//www.chtean.org.cn）、国防科技成果推广转化网（http：//www.techinfo.gov.cn/）等；省级的网站包括各省（自治区、直辖市）的科技成果转化网，各市、县也建立了科技成果转化网及各种专业科技成果转化网[14]。这些网站的构建为科技成果转化提供了便利的条件。其次，政府部门下设或者建立附属的科技中介机构、成果转化服务机构、科技创新服务中心等，这些服务机构的管理运营经费由政府提供，政府利用其行政职能为高校或科研机构研发的具有实用价值、具有开发前途的项目寻找转化机会，帮助高校实现科技成果的转化，为高校和科研机构搭建了促成科技成果转化的桥梁。

从法律政策的角度来看，政府从立法和制定税收等各种优惠政策方面为高校科技成果转化提供了良好的政策环境，有些政府部门还利用财政经费设立了成果转化风险基金，大大降低了高校科技成果转化的风险。

（3）以市场为导向的转化模式——转让推广模式和自行推广模式。高校作为技术持有者根据市场需求，直接转让专利或者通过技术中介间接转让，技术市场成为企业和高校联系的桥梁，它既可为企业寻找技术资源，又可以帮助成果持有方转让成果，促进了科技创新成果的转化。

转让推广模式是指科技成果持有方将科技成果转让给他人，由受让方进行科技成果推广应用的模式。受让方既可以是中介机构，也可以是接受科技成果的企业。转让推广需要签订技术转让协议、专利实施许可转让协议等，在协议中明确规定转让技术的范围、双方的权利和义务、收益分配比例、保密规定、违约责任等。科技成果持有方既可以一次性将成果转让，也可以分期、分批地转让，还可以是采用特许权的方式转让。受让方需要对转化的产品进行宣传、推销等，使科技成果转化商品化或者产业化。这种模式对科技成果有严格的要求，目前应用比较多。因为科技成果持有方往往对市场不够熟悉，没有太多的精力去进行市场的开拓，所以把科技成果转让给受让方。这种模式完全依照市场规律进行运作，要求科技成果受让方必须熟悉市场的规则，否则，科技成果持有方不会成为利益的最大受益者。

自行推广模式是指科技成果持有方利用自身的优势条件，开展科技成果推广应用的模式。这种模式要求科技成果持有方熟悉科技成果的优势，自身具有推广应用的人力、物力和资金等。采用自行推广模式容易找到合适的合作企业，但是这种推广模式要求科技成果持有方要熟悉市场规则，能够争取自身利益的最大化。

以市场为主的推广模式，是目前我国高校科技成果转化的最主要的方式，其中最典型的就是科技中介模式。科技中介公司是以盈利为目的，以高校、科研机构和企业对科技成果的需求为服务方向，通过有偿转让的方式，将科技成果从供应方转移到需求方的技术中介机构。它的主要作用是在高校等科技成果的开发者与企业之间搭建桥梁，便于技术在供需双方之间流动，有利于供给方更好地了解企业的需求，对科技成果的开发和后续改造更具有针对性，也使得需求方能够及时地消化并实施该项成果，同时又能够避免企业技术开发不成熟、专业知识匮乏的难题。这种方式通过市场的公平竞争机制，使得科技成果这一“商品”在市场中得以广泛流通，高校、科研机构和企业在这一模式中各司其职，充分地调配社会资源，发挥各自的优势，共同推进了科技成果商品化、产业化的进程。

（4）自身转化模式。自身转化模式也叫自办产业模式。高校内的科技成果持有方以高校现有的政策和环境条件为依托，兴办产业实体，以实现科技成果的有效转化，如北大方正。这些企业将开发者的研究成果经过研究开发——中试环节取得成功之后，由自身兴办的企业或成果交易处，对科技成果进行宣传推广，最终实现科技成果的商品化、产业化。采用这一模式的高校都拥有尖端的科技设备、雄厚的科研实力和大量的科研经费，它们通过自身科研队伍的努力，可以实现高科技成果的转化。这种模式充分发挥高校、科研机构的自身知识、科技优势，便于攻克研发过程中的技术难关，在新技术的功能、稳定性方面提供了有力的保障，同时利用自身兴办的企业进行推广，节约了科技成果推广的时间，也能为需求方持续地提供后续的服务与支持，根据市场需求及时地对自身的科技成果作出调整并进行批量生产，没有中介机构的传输，减少了信息传递过程中的不对称和失真，最完整地保留了科技成果的“原生态”。在这种模式中，科技成果持有方是推广应用的主体，它们具有开拓市场，将科技成果转化商品化、产业化的实力。这种模式的主要特点是在推广的过程中不存在技术梯度和中间环节，产品容易实现，但是在扩大生产规模时往往受限，造成了科技成果转化推广的瓶颈。科技成果持有方没有获得更大的收益，也没有给社会带来更大的经济和社会利益。这种模式适用于科研力量雄厚、产业基础良好和具有强大财力的高校，其优势是减少中间环节，科技成果转化效率较高。

（5）股份合作转化模式——合作推广。这种模式是指在市场体制下，高校、科研机构与合作单位之间通过合同方式进行约定，科技成果开发单位将研发的科技成果以作价入股的方式将其投入到企业中，各方优势互补，联合实施科技成果转化，并依照合同约定的投资比例，从科技成果收益中获得报酬。合作单位可以是企业、政府，也可以是社会团体，研发单位作为股东，可以在科技成果运营过程中发现问题并及时作出调整，同时，一项科技成果的多方协作可以提高科技成果的兼容性，满足需求方对产品多样性的需求，使科技成果与国家需要、客户要求、市场需求更加贴近。

合作推广主要是科技成果持有方和产品生产方共同合作开展成果推广应用的模式。成果持有方为生产方提供技术和生产工艺设计的服务，生产方提供生产条件，并进行产品的销售与推广，双方利益共分，风险共担。该模式的主要特点是科技成果持有方与生产方能够密切合作，减少了技术梯度和产品实现的一些问题。由于双方的目标一致，随着长期合作，关系会更密切，容易形成较强的生产能力，产生规模效益。

产学研联盟是合作推广的一种常用模式，也是优势整合的一种有效途径，如高校科技园。高校依托自己的力量独立，或者几所高校联合，或者高校与政府联合创办科技园。大学科技园将高校、社会和政府联结起来，为高科技企业发展提供多功能平台，以促进科技成果转化。

（6）孵化器转化模式。企业孵化器也称高新技术创业服务中心，专门为知识型企业提供资金、基础设施、管理咨询、专业技术等服务，它为科技创新成果转化提供研发场地、办公设备等基础设施、人员培训、市场推广、政策咨询、法律援助，以及融资支持等服务，能帮助科技成果持有方与有潜力的企业合作，将它们的产品和服务快速地融入市场，从而降低企业的创业风险和成本，促进科技成果转化，可将初创时的小企业发展为较为成熟的企业。

我国的企业孵化器经历了20多年的发展，目前的发展比较稳定。2000年，我国企业孵化器有164家，2010年就发展到894家，成了仅次于美国的企业孵化器大国。我国的企业孵化器正朝着多样化、专业化、投资主体多元化和网络化的方向发展。2014年，我国企业孵化器的技术交易成交额达到了8577亿元，近年来以年均15%的速度增长，逐步发展为科技成果转化中一股不可替代的力量。

这种模式的优点是通过风险投资弥补企业发展的资金缺口；可吸引大量高科技人才（包括回国留学人员）创业，从而将大量的科技人员培养成企业家，不但能节省时间、少走弯路，而且为科研人员提供了良好的创业平台，可以更好地发挥他们的才能，为国家培育具有知识创新能力的企业家和科技创新型企业做出了巨大的贡献。其缺点是科技与金融结合通道不畅，入孵企业融资较难；管理人才缺乏；风险投资资金来源尚不足等。

1.2.3 高校科技成果转化模式选择

由于高校拥有占全国绝大多数的高水平的科研队伍和先进的科研实验设备，其在科技成果研发中占据天时、地利及人和等多方面的优势。但是相对于企业而言，它缺乏足够数量的资金支持和对市场需求趋势的了解，从而极大程度上降低了使科技成果进行市场化生产的能力，使得创造出的科技成果由无形状态向有形状态转化的市场化率特别低。据相关部门统计，自“十一五”规划以来我国高校每年通过国家审批的科技成果都超 1.5 万项，但是每年专利申请量却仅占相应年份科技成果总数的 4.5% 左右，同时我国高校科技成果转化成功率仅为 10%～15%，远远低于发达国家的 60%～80%，致使大量的具有良好市场前景的高校科技成果被搁置起来 [15]。因此，选择适合高校科技成果转化的最优模式，提高高校科技成果的转化效率，促进高校科技成果的市场化和产业化，是高校必须要解决的难题。

近年来，大量的国内外学者对科技成果转化模式进行了研究。例如，Teece 从价值链的角度对科技成果转化进行了研究，认为要保证科技成果转化的效率，追求整体利益的最大化需要组建产业技术联盟 [16]；Siegel 等在研究高校科技成果转化的过程中认为，高校的组织结构会影响科技成果的转化率，他们提出构建专门化的高校科技成果办公室有利于提高高校科技成果市场化效率 [17]；Etzkowitz 和 Leydesdorff[18]，以及 Rasmussen[19] 也对科技成果转化模式的选择进行了研究；刘家树和吴佩佩在相关科技成果转化研究的基础上，在比较几种科技成果转化模式的优劣情况后，提出了一种创新链集成的科技成果转化新模式 [20]；谷德斌和尹航在分析科技成果与技术创新、高校科技成果类型及制约高校科技成果转化因素的基础上，提出了包含高校、企业、政府及社会等多组合的高校科技成果转化驱动模式 [21]；王念和刘细发在对高校科技成果转化影响因素进行因子分析的基础上，提出了改善我国高校科技成果转化效率的相关路径[22]；柳岸在分析前人研究的基础上，提出了适合我国高校科技成果转化的改进三螺旋模式[23]。通过前面的科技成果转化模式研究，我们发现科技成果转化主要有三种类型：一是自行投产；二是高校将科技成果转让于企业（简称科技成果转让）；三是高校以科技成果出资入股于企业（简称科技成果出资入股）。每种类型都具有一定的优势，在进行转化时，需要根据实际情况进行判断。本书通过构建完全信息的动态博弈模型，来选择适合高校科技成果转化的最优模式，为高校科技成果的有效转化提供最优的路径。

高校科技成果转化的这几种模式各有利弊，从转让的方式看，有直接转让和间接转让。直接转让不需要通过中介机构转让；间接转让需要通过中介机构作为媒介。直接转让模式的优点是过程简单、中介费少，科研投入及时；缺点是科研人员需要掌握一定的市场信息才能找到适合的企业，否则只靠出售专利很难完成。间接转让模式的优点是便于高校科研人员集中精力进行研究，转化的任务可以由中介机构和企业共同承担，风险较小，科研投入回收快；缺点是高校获得的经济效益相对较低，而且技术的后续开发工作难以进行。因此，各高校应根据自身的优势和特点，选择有利于自身成果转化的方式。

科技成果转化模式的选择实质是科技成果转化各方进行博弈的过程，下面用博弈理论来进行分析。

1.2.3.1 完全信息动态博弈

博弈是指一些个人、团队或其他组织，面对一定的环境条件，在一定的约束条件下，依靠所掌握的信息，同时或先后，一次或多次，从各自可能的行为或策略集合中进行选择并实施，各自从中取得相应结果或收益的过程。完全信息动态博弈是指在动态博弈的过程中，每一位参与人对其他参与人的特征、策略空间及收益函数有准确的信息，严格意义上讲，它是参与者策略空间及策略组合下的支付，是博弈过程中博弈各方的“公共知识”的博弈。为了区别静态博弈，在描述和分析动态博弈时一般用扩展式来表述，其中在扩展式表述中战略对应参与人的相应行动规则，即什么情况下选择什么行动，并且为了使动态博弈表现得更加清晰明确，在 n 个人的有限战略博弈中可采用博弈树来表述[24]。但是博弈的扩展型表示包括如下要素：参与人集合，即所谓的博弈方集合；参与人的行为顺序，即什么时候行动；参与人的行为空间，即博弈方在选择策略时，每次选择什么；参与人的信息集，即参与人在选择时都知道些什么信息；参与人所采取的行动的收益；外生事件，即自然选择的概率分布。

1.2.3.2 模型条件假设

假设 1：本书研究的对象为高校科技成果转化模式的选择，但规定在模式选择的博弈过程中只存在两个博弈参与集合，即企业和高校，不存在中介和政府的参与；

假设 2：高校和企业的信息是公开透明的，两者在合作的过程中不存在道德风险问题；

假设 3：高校和企业都具有科研能力和科技成果市场化能力，但是高校的科研能力强于企业，而高校的科技成果市场化能力要弱于企业；

假设 4：高校将科技成果转让给企业之后，在得到一定转让费的基础上还具有对该项科技成果的继续拥有权；

假设 5：规定在科技成果转化模式选择的博弈过程中，高校先采取行动，企业就高校的相关行动采取相对应的策略；

假设 6：高校与企业之间的科研能力，以及它们之间的成果市场化能力是相互独立的。

1.2.3.3 博弈过程分析

由于高校在博弈过程中先采取行动，因此，在高校与企业进行博弈的第一个阶段，高校具有三种行动选择：科技成果自行转化、把科技成果转让给企业、利用科技成果进行出资入股同企业一起进行科技成果产业化合作。此过程规定高校的科技成果本身具有的价值为 V，其中 V 包含高校为取得这项科技成果的所有投入；该项科技成果成功市场化之后，可获得的利润为 U。同时，为了表明高校和企业的科技创新能力成熟度，规定高校的研发能力和科技成果产业化能力分别为 μ_{a1} 和 μ_{a2}、企业的研发能力和科技成果产业化能力分别为 μ_{b1} 和 μ_{b2}。

在高校科技成果转化模式选择的博弈过程中，相关的博弈阶段如下。首先，高校先采取行动，高校会有两种策略，即自行转化或与企业进行合作。如果高校选择自行转化，博弈过程结束；如果选择与企业进行合作，相应的博弈过程将进入下一阶段。其次，企业将会就高校采取的合作行为，采取相对应的策略，即当企业选择不同意合作时，博弈过程终止；当企业同意合作时，高校和企业会就两种情况进行磋商，即成果转让价格和科技成果出资入股后利润分配比例进行磋商，磋商确定后博弈过程结束。相关的描述细节如下。

（1）当高校选择自行转化科技成果时，由于受科技成果创新能力成熟度的影响，高校科技成果成功市场化的概率 p_1，因此，高校在科技成果成功转化之后获得的期望利润为 p_1U，而企业获得的利润为 0，此时战略组合（自行转化，0）的支付向量为（p_1U，0），其中 $p_1=\mu_{a1}\times\mu_{a2}$。

（2）当高校选择进行科技成果转让之后，高校与企业就会达成一致的科技成果转让价格，记为 P。而当企业得到这项科技成果之后，企业有了科技成果产业化的优势，使得科技成果转化的成功率 p_2 大大提高，并且独自享受科技成果成功转化后的利润，此时企业可获得期望收益为 p_2U-P。因此，战略组合（成果转让，同意）的支付向量为（P，p_2U-P），其中 $p_2=\mu_{a1}\times\mu_{b2}$；战略组合（成果转让，不同意）的支付向量为（$p_1U$，0）。

（3）当高校选择以科技成果入股与企业进行合作时，此时整合了高校和企业的科研能力和科技成果市场化能力，当科技成果转化成功后，企业和高校会对获取的利润进行比例分配，规定高校所获取的利润分配比例为 α，相应地，企业所获得的利润分成为 $1-\alpha$，并且此时的科技成果转化成功率 p_3 大大提高。当科技成果成功转化之后，高校所获得的期望利润为 αp_3U-V，企业所获得的期望收益为 $(1-\alpha)p_3U$，因此，在战略组合（出资入股，同意）的支付变量为（αp_3U-V，$(1-\alpha)p_3U$），其中 $p_3=\mu_1\times\mu_2$；战略组合（出资入股，不同意）的支付变量为（p_1U，0）。

通过上述分析，可以绘制出高校进行科技成果转化模式选择的博弈树，具体如图 1-4 所示。

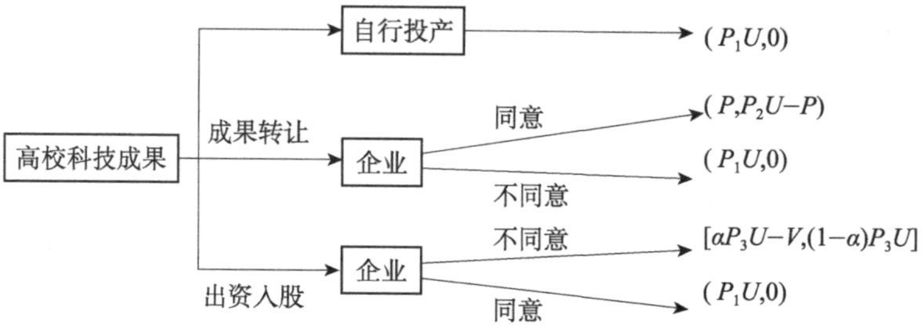

图 1-4　高校科技成果转化模式选择的博弈树

1.2.3.4　博弈模型求解

高校科技成果转化模式选择的博弈过程，实质上就是高校和企业对转让价格及科技成果转化成功之后利润分配比例的一个讨价还价的过程，因此，为了保证博弈过程的顺利实现，必须使讨价还价的结果达到一个纳什均衡。

通过前面的分析可知，只有当高校科技成果的市场化能力大于企业的市场化能力时，才采用自行投产模式，但是这与假设条件 3 矛盾。所以在高校的科技成果转化市场能力低于企业的市场能力时，采用校企合作的方式。假设企业同意高校对科技成果的转让，双方协商的转让价格为 P，企业的支付等于高校的收益，即为 P，企业的收益为 p_2U-P；若企业不同意，则高校的收益为 p_1U，企业收益为 0，因此，在高校进行科技成果转让的过程博弈的纳什均衡计算具体如下。

目标函数：

$$\max f(P)=(P-p_1U)\times(p_2U-P) \tag{1-1}$$

其中：

$$p_1=\mu_{a1}\times\mu_{a2} \tag{1-2}$$

$$p_2=\mu_{a1}\times\mu_{b2} \tag{1-3}$$

对式（1-1）进行一阶求导，并把式（1-2）、式（1-3）代入求导结果得出：

$$P^*=0.5(\mu_{a1}\times\mu_{a2}+\mu_{a1}\times\mu_{b2})U \tag{1-4}$$

当高校采取对科技成果进行投资入股行动时，由前面的分析可知：若企业同意的话，高校获得的期望收益为 αp_3U-V，企业获得的期望收益为 $(1-\alpha)p_3U$；若企业不同意，高校获得的期望收益为 p_1U，企业没有期望收益。因此，在该博弈过程中的讨价还价纳什均衡计算具体如下。

目标函数：

$$\max f(\alpha) = (\alpha p_3 U - V - p_1 U) \times (1-\alpha) p_3 U \quad (1\text{-}5)$$

其中：

$$p_3 = \mu_1 \times \mu_2 \quad (1\text{-}6)$$

$$\mu_1 = 1 - (1-\mu_{a1}) \times (1-\mu_{b1}) \quad (1\text{-}7)$$

$$\mu_2 = 1 - (1-\mu_{a2}) \times (1-\mu_{b2}) \quad (1\text{-}8)$$

对式（1-5）进行一阶求导，并把式（1-2）、式（1-6）、式（1-7）、式（1-8）代入其中得出：

$$\alpha = \{[(\mu_{a1} + \mu_{b1} - \mu_{a1}\mu_{b1}) \times (\mu_{a2} + \mu_{b2} - \mu_{a2}\mu_{b2}) + \mu_{a1}\mu_{a2}] \times U + V\}/2$$
$$(\mu_{a1} + \mu_{b1} - \mu_{a1}\mu_{b1}) \times (\mu_{a2} + \mu_{b2} - \mu_{a2}\mu_{b2}) \times U \quad (1\text{-}9)$$

通过上述的分析，可以得出在进行科技成果转化模式选择博弈的过程中，如果高校的科技成果产业化能力高于企业科技成果的产业化能力，即$\mu_{a2} > \mu_{b2}$时，高校采取自行产业化模式，但是这与假设条件3矛盾。高校与企业的战略组合及相应支付向量情况具体如下所示。

（1）战略组合（成果转让，同意），相应支付向量为

$$(0.5\mu_{a1}(\mu_{a2} + \mu_{b2})U,\ 0.5\mu_{a1}(\mu_{b2} - \mu_{a2})U)$$

（2）战略组合（成果转让，不同意），相应支付向量为

$$(\mu_{a1}\mu_{a2}U,\ 0)$$

（3）战略组合（成果出资入股，同意），相应支付向量为

$$(0.5[(\mu_{a1} + \mu_{b1} - \mu_{a1}\mu_{b1}) \times (\mu_{a2} + \mu_{b2} - \mu_{a2}\mu_{b2}) + \mu_{a1} \times \mu_{a2}] \times U - V,$$
$$0.5[(\mu_{a1} + \mu_{b1} - \mu_{a1}\mu_{b1}) \times (\mu_{a2} + \mu_{b2} - \mu_{a2}\mu_{b2}) - \mu_{a1} \times \mu_{a2}] \times U - V)$$

（4）战略组合（成果出资入股，不同意），相应支付向量为

$$(\mu_{a1}\mu_{a2}U,\ 0)$$

1.2.3.5　高校科技成果转化模式选择策略

通过上述高校与企业战略组合和相应支付向量情况的分析可知，由于$\mu_{a1} > \mu_{b1}$，$\mu_{a2} < \mu_{b2}$，因此，有 $p_1 < p_2 < p_3$，进而可知 $0.5\mu_{a1}(\mu_{a2} + \mu_{b2})U > \mu_{a1}\mu_{a2}U$，$0.5\mu_{a1}(\mu_{b2} - \mu_{a2})U > 0$，从而得出：对高校而言，选择自行转化科技成果是下下之策；对企业而言，不同意与高校进行合作，也是下下之策。

为了确定不同条件下，高校科技成果转化选取何种模式是最优路径，本书令

$$0.5[(\mu_{a1}+\mu_{b1}-\mu_{a1}\mu_{b1})\times(\mu_{a2}+\mu_{b2}-\mu_{a2}\mu_{b2})+\mu_{a1}\times\mu_{a2}]\times U-V = 0.5\mu_{a1}(\mu_{a2}+\mu_{b2})U \tag{1-10}$$

$$0.5[(\mu_{a1}+\mu_{b1}-\mu_{a1}\mu_{b1})\times(\mu_{a2}+\mu_{b2}-\mu_{a2}\mu_{b2})-\mu_{a1}\times\mu_{a2}]\times U-V = 0.5\mu_{a1}(\mu_{b2}-\mu_{a2})U \tag{1-11}$$

通过求解式（1-10）和式（1-11）可知：

（1）当$(\mu_{a1}+\mu_{b1}-\mu_{a1}\mu_{b1})\times(\mu_{a2}+\mu_{b2}-\mu_{a2}\mu_{b2})\times(1-\mu_{a1}\mu_{b2})=V/U$时，对于高校与企业就相关的科技成果转化模式选择的战略组合（成果转让，同意）及（成果出资入股，同意）都是双方可以选择的最优的科技成果转化模式选择策略。

（2）当$(\mu_{a1}+\mu_{b1}-\mu_{a1}\mu_{b1})\times(\mu_{a2}+\mu_{b2}-\mu_{a2}\mu_{b2})\times(1-\mu_{a1}\mu_{b2})>V/U$时，存在不等式（1-12）和式（1-13）同时成立的情况，因此，对于高校和企业而言，战略组合（成果出资入股，同意）是高校与企业选择科技成果转化模式的最优策略，即企业同意高校以科技成果入股联合开发模式是最优的科技成果转化模式。

$$0.5[(\mu_{a1}+\mu_{b1}-\mu_{a1}\mu_{b1})\times(\mu_{a2}+\mu_{b2}-\mu_{a2}\mu_{b2})+\mu_{a1}\times\mu_{a2}]\times U-V > 0.5\mu_{a1}(\mu_{a2}+\mu_{b2})U \tag{1-12}$$

$$0.5[(\mu_{a1}+\mu_{b1}-\mu_{a1}\mu_{b1})\times(\mu_{a2}+\mu_{b2}-\mu_{a2}\mu_{b2})-\mu_{a1}\times\mu_{a2}]\times U-V > 0.5\mu_{a1}(\mu_{b2}-\mu_{a2})U \tag{1-13}$$

（3）当$(\mu_{a1}+\mu_{b1}-\mu_{a1}\mu_{b1})\times(\mu_{a2}+\mu_{b2}-\mu_{a2}\mu_{b2})\times(1-\mu_{a1}\mu_{b2})<V/U$时，存在不等式（1-14）和式（1-15）同时成立的情况，因此，对于高校和企业而言，战略组合（成果转让，同意）是高校与企业选择科技成果转化模式的最优策略，即企业同意高校科技成果转让是最优的科技成果转化模式。

$$0.5[(\mu_{a1}+\mu_{b1}-\mu_{a1}\mu_{b1})\times(\mu_{a2}+\mu_{b2}-\mu_{a2}\mu_{b2})+\mu_{a1}\times\mu_{a2}]\times U-V < 0.5\mu_{a1}(\mu_{a2}+\mu_{b2})U \tag{1-14}$$

$$0.5[(\mu_{a1}+\mu_{b1}-\mu_{a1}\mu_{b1})\times(\mu_{a2}+\mu_{b2}-\mu_{a2}\mu_{b2})-\mu_{a1}\times\mu_{a2}]\times U-V < 0.5\mu_{a1}(\mu_{b2}-\mu_{a2})U \tag{1-15}$$

在高校科技成果转化最优模式的选择过程中，会受到高校科技成果自身价值、科技成果转化后市场价值、高校与企业的研发能力，以及高校与企业的科技成果产业化能力等相关因素的影响，因此，本书根据构建的高校科技成果转化模式选择的动态博弈模型，来分析这几个影响因素的变化对科技成果转化的最优模式产生变化的形式。

首先，在其他因素变量值不变的情况下，高校科技成果自身具有的价值越高，说明高校科技成果越与时俱进，符合时代发展进步的需要，并且更能保证上述分析的相关不等式，即$(\mu_{a1}+\mu_{b1}-\mu_{a1}\mu_{b1})\times(\mu_{a2}+\mu_{b2}-\mu_{a2}\mu_{b2})\times(1-\mu_{a1}\mu_{b2})<V/U$成立，如果高校选择利用科技成果出资入股的话，会要求以高分成来享受科技成果市场化的利润，这是企业所不愿看到的；若高校采取成果转让模式的话，高校会得到一个比较高的转让价格，还不承担风险，对企业而言虽然支付了一个较高的价格但不会使市场化后的利润被分成，当支付价格被企业认可时，企业同意高校科技成果转让是最优模式。

其次，在其他条件不变的情况下，高校科技成果市场化之后获取的利润越高，越能保证上述分析的不等式成立，即$(\mu_{a1}+\mu_{b1}-\mu_{a1}\mu_{b1})\times(\mu_{a2}+\mu_{b2}-\mu_{a2}\mu_{b2})\times(1-\mu_{a1}\mu_{b2})>V/U$成立，高校选择以科技成果出资入股的模式会存在一定的风险，在这一模式下，虽然高校可以选择自行转化，但由于受到自身资金、转化能力等方面的影响，转化存在一定的困难。通过与企业合作不仅能够分担风险，还能借助企业的成果产业化能力，获得保值收益，达到双赢。

最后，在科技成果自身价值和产业化后利润不变的情况下，当高校和企业的创新能力成熟度，即科研能力和科技成果市场化能力提高时，高校采用科技成果出资入股的模式是最优选择，因为不仅不等式$(\mu_{a1}+\mu_{b1}-\mu_{a1}\mu_{b1})\times(\mu_{a2}+\mu_{b2}-\mu_{a2}\mu_{b2})\times(1-\mu_{a1}\mu_{b2})>V/U$成立，而且双方协同进行科技成果的转化，使得双方的创新能力成熟度得到叠加，从而大大提高了科技成果转化成功率，同时使得双方在降低风险的情况下还可以获得双方都比较满意的收益。

本书在分析国内外学者对科技成果转化模式研究的基础上，认为有必要根据高校科技成果的自身情况选择出最优的转化模式。因此，本书首先设定6个相关的假设条件，进而分析了高校与企业在高校科技成果转化过程中相关转化模式选择的博弈活动，在此基础上构建出了完全信息的高校科技成果转化模式选择的动态博弈模型，并通过对模型的求解得出：

当$(\mu_{a1}+\mu_{b1}-\mu_{a1}\mu_{b1})\times(\mu_{a2}+\mu_{b2}-\mu_{a2}\mu_{b2})\times(1-\mu_{a1}\mu_{b2})=V/U$时，战略组合（高校科技成果转让，同意）及（高校科技成果出资入股，同意）都是最优的科技成果转化模式选择策略；

当$(\mu_{a1}+\mu_{b1}-\mu_{a1}\mu_{b1})\times(\mu_{a2}+\mu_{b2}-\mu_{a2}\mu_{b2})\times(1-\mu_{a1}\mu_{b2})>V/U$时，战略组合（高校科技成果出资入股，同意）是高校科技成果转化模式的最优选择策略，即出资入股联合开发是最优的高校科技成果转化模式；

当$(\mu_{a1}+\mu_{b1}-\mu_{a1}\mu_{b1})\times(\mu_{a2}+\mu_{b2}-\mu_{a2}\mu_{b2})\times(1-\mu_{a1}\mu_{b2})<V/U$时，战略组合（高校科技成果转让，同意）是最优策略，即高校科技成果转让是最优的高校科技成果转化模式。

本书利用构建的相关博弈模型分析了高校科技成果转化模式选择的影响因素，检验了所构建的高校科技成果转化模式选择动态博弈模型求解结果的准确性。

1.2.3.6 高校科技成果转化的新模式

通过前面研究可知，高校科技成果转化采用单一的模式很难取得良好的经济价值，因此，应该采用综合的模式系统——创新网络模式。这种新模式是指在一定的区域范围内，企业与高校、研究院所、政府、中介机构、风险投资机构等通过建立网络平台，协同创新，形成新的高校科技成果转化模式，即“三主三辅一平台”形式，也叫创新网络模式，或者产学研协同创新模式，具体如图 1-5 所示。

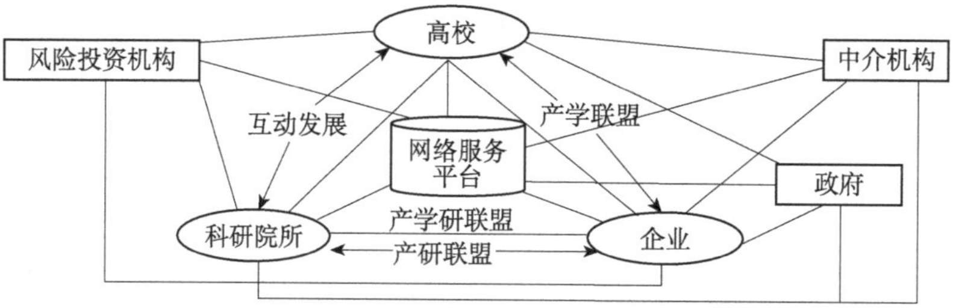

图 1-5　科技成果转化新模式示意图

从图 1-5 可以看出，这个系统通过网络服务平台将高校、科研院所、企业、政府、中介机构和风险投资机构有机地联系起来。网络服务平台中有高校和科研院所的科技成果，有企业需求信息和可提供的经费及试验场所等信息，有政府的方针和政策，等等。高校可以从平台系统中及时捕捉信息，有利于创新技术和知识通过网络进行扩散和转移，有效促进已有科研成果转化，有利于根据政府导向及企业的需求开拓新的研究领域，有利于与企业及科研院所形成产学研协同创新联盟，进行协同创新。从网络服务平台还可以获取人才需求信息，一方面为企业提供高层次的人才培训等，另一方面，可以根据企业的需要进行学生的定向培养，此外，还可以根据社会需求调整学生的培养方向，为社会提供所需的人才。企业可以从网络服务平台系统获取高校或科研院所的科技成果信息，与高校或科研院所结成联盟，为其提供经费、试验场地等，有利于产学研协同创新，促进科技成果高效转化。政府的方针、政策、需要研究的纵向课题信息也在网络服务平台上发布，政府可以为企业和高校搭台，引导它们开展产学研合作，进行产学研协同创新，促进科技成果的高效转化。中介机构可以为高校和企业搭桥，高校也可以由科技产业处成立科技成果转化推广机构，促进专利申请和科研成果有效转化等。风险投资机构在我国主要由政府财政支持，按市场规则运作。因此，政府应该对其加以培植和扶持，扩大风险投资的渠道，解决科研成果转化所需的投资问题。在新的模式中，各个相关主体之间建立了各种相对协调、稳定的、互相促进创新的、正式或非正式的关系，网络服务平台成为企业与高校的市场连接纽带，促进了技术的有效转移与快速扩散，促进了产学研协同创新，从而形成一种具有区域集聚效应的创新网络系统。

由于各高校科研条件、科研成果转化条件、科研人员自身条件和科研经费预算等不断变化，采用单一化的转化模式很难适应目前的发展，因此，一般情况下各高校应从自身的实际出发，坚持因地制宜的原则，选择两种或多种模式结合的方式进行科研成果的转化，使科技创新成果转化取得较好的经济和社会效益。

高校科技成果转化是一项复杂的系统工程，我国高校每年的科技成果不少，但能够实际推广使用的却不多。因此，采用单一的转化模式是行不通的，应该采用一种综合的转化模式，并且应该有一套可以评价各种转化模式优劣的标准，便于人们选择合适的科技成果转化模式，促进科技成果转化工作走出低谷。

第 2 章

高校科技成果转化的 GSSP 机制研究

目前，科技成果转化大多研究的是应用技术类成果，应用技术类成果有物质和知识两种形态。物质形态的应用技术类成果是指各种有形的或无形的新产品。知识形态的应用技术类成果是指关于产品的设计方案和制造方法等，通常称为“技术”，如专利技术、技术诀窍、工艺流程、操作程序、药剂配方等。带来更大创新的是技术类成果。所以，我们重点研究知识形态的应用技术成果。

高校科技成果转化实质上是知识的转移、转化、增值的过程，因此，对高校科技成果转化进行知识管理研究将有利于知识在科技成果转化过程中的有效转化，提高科技成果转化的效益。

2.1 高校科技成果转化的过程分析

高校科技成果转化主要是技术实现产品化和商品化的过程，既包括产业化，也包括科技成果的创业或初次商品化。高校科技成果转化通常分为三个阶段：试验阶段、生产阶段和产业化阶段。其实除了上述三个阶段外，还应该有一个科技成果转化确立阶段，只有根据高校和企业的需求进行匹配，确立了科技成果转化的协议，才能进行试验、生产和产业化。所以，高校科技成果转化的实际过程如图 2-1 所示。

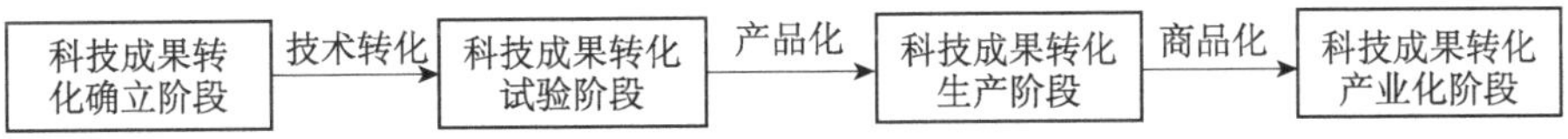

图 2-1 高校科技成果转化示意图

2.1.1 高校科技成果转化确立阶段

高校的科研人员对科研课题经过科学研究产生了大量的科技成果，这些科技成果只有经过转化才能产生经济价值和社会价值。高校要想将科研成果进行有效转化，需要选择合适的转化模式。前面对高校科技成果转化模式进行了深入的研究，这里主要研究高校的科技成果转向企业的模式，这里的企业可以是高校的自营企业，也可以是孵化器企业，还可以是独立的外部企业。不管是哪类企业都需要根据高校科技成果和企业的需求进行匹配，只有符合要求的才能确立转化协议，确立阶段的过程如图 2-2 所示。

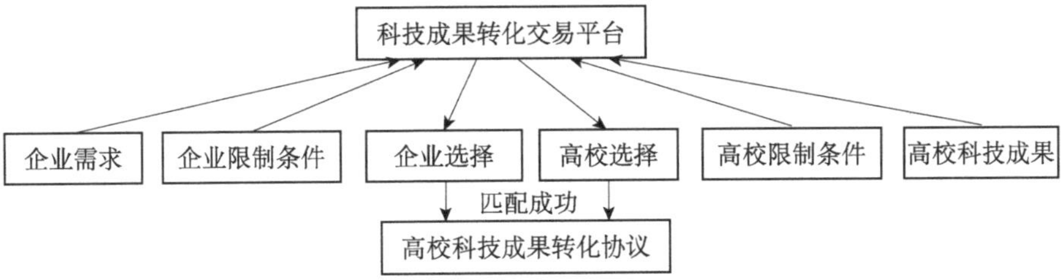

图 2-2 高校科技成果转化确立阶段过程示意图

高校科技成果转化的确立阶段没有知识的变化，故很多研究只将其划分为三个阶段，而没有研究高校科技成果转化确立阶段。高校科技成果转化确立阶段，也可以说是高校科技成果转化的准备阶段。试验、生产和产业化是高校科技成果转化的实施部分。

作为我国主要研发主体之一的高校教师群体，通过预测社会市场需求，或者申请国家公示的各类课题，或者受企业的委托确定研究的课题，然后进行基础研究，以形成具有潜在性、科学性价值的知识形态化的科技成果（如论文、专著及专利等）。高校科技成果转化过程就是为了使这些科技成果转化为物化的产品或者商品，以提高国民经济水平。高校在进行科技成果转化的选择时，要考虑转化后带来的经济效益、转化的前景和后续研究的可能性等。

高校科技成果转化是一种以商业目的为主的活动，企业是以生产经营为目的的，所以其在选择科技成果时，是以实施成果产业化能为企业带来长远效益为目的。因此，企业必然要选择在商业上最有前途的高校科技成果来加以产业化。在进行科技成果选择时，以经济准则主宰着高校科技成果转化的命运。只有符合企业商业化目的的高校科技成果才能进入商品化、产业化阶段，所以企业对于高校科技成果转化的选择是非常重要的，是后续实施的基础。

经过高校和企业选择确定的科技成果才能进入到后续阶段。首先进行小试、中试阶段的基地试验，形成能充分体现科技成果的样本模型后，进而转移到相关企业进行批量生产，使其能够很好地面向社会、面向市场，形成一种商品化、产业化的动态过程，其中包含科学性质、技术性质、管理性质及商务性质等方面的活动，实现了知识形态化的成果从科学研究领域到生产领域再到市场领域的物化性转移。它可以看作是一个复杂的系统工程，包含科技成果转化试验子系统、生产子系统和产品产业化子系统，这三个子系统在互相依赖、互相制约的基础上实现了知识的螺旋式创新。

2.1.2 高校科技成果转化试验阶段

科技成果转化中要进行科学的试验，试验一般分为小试和中试。高校的研究人员在高校人力、物力及财力的支持下使其所选课题转变成具有学术价值或使用价值的成果之后，为保证研究成果实现商业化发展，这就需要对已有的科技成果进行小试、中试试验，实现实验室科技成果到产品样品的转变，进而排除科技成果产品化的技术风险，换句话说就是将已形成的科技成果转化成产品，并建立起一套新的工艺、系统和服务，同时对已产生和建立的上述各项工艺、系统和服务进行实质性的改进和修缮。具体来讲，小试就是在现有的成熟技术条件下，让科技成果变成少量的产品，并对这些产品的外观进行修饰，对材质进行调试，对功能进行测试，或对产品进行其他方面的局部化处理和试点，对出现的偏差进行及时的修正。中试是在小试操作结束的基础上，产出一定数量的样品，交予用户进行使用，并进行实时的追踪考察以获取各种反馈信息，明晰产品在实际的日常应用中的可行性、先进性、效用性及故障发生情况等，最后形成可行的实用性生产报告。

2.1.3 高校科技成果转化生产阶段

生产阶段就是科技成果样品转化为产品的过程，在这一阶段，高校将自己的科技成果物化为企业的产品，并获得相应的科研回报过程。高校的科技成果作为知识源，企业作为知识的接受方，在此环节中高校为实现其科技成果的顺利转化，可采取多种途径和方式，如自办企业、以技术入股企业、出售专利、委托中介联系相关企业或创建科技园等。简单来讲，该环节就是把高校在实验室研究出的使用度不完善的样品、样机等科技成果转化成能适于大众使用的产品的过程，即企业作为科技成果的需求方把高校在试验阶段产出的样品模型转变成新产品，并且克服在实际生产过程中遇到的难点、障碍及风险，使其最终形成一套可进行标准化生产的工艺，并能进行批量生产。这一阶段包含了科技成果生产技术工程化环节、创新生产工艺环节、产品研制环节、试验与修缮环节，以及生产设施的投资再扩环节等。

2.1.4 高校科技成果转化产业化阶段

产业化阶段又叫商品化阶段，是指对高校的科技成果进行商品化开发，让知识形态下的高校科技成果物化为能够满足人们日常需求的商品，让高校的科技成果以企业为孵化器使高校科技成果的效应得到转移和扩散，增强高校科技成果的应用程度，实现高校科技成果产业链式发展，为企业的技术开发及产品制造产生利润。在此过程中，规模生产、技术维护、市场延伸及效用最大等四个环节必不可少。其中，规模生产指已经转化为商品的高校科技成果在市场上取得相应效益后，企业应不断地扩大投资和生产，在保证质量的基础上提高产量满足市场需求；技术维护是指在产品生产及销售过程中会出现一些不可预测的问题或故障，这就需要做到及时反馈信息，采取相应的纠正措施，保证生产技术的不断改进和完善；市场延伸是指产品在完全占领市场，取得竞争优势之后，企业要根据市场情况及时地与高校进行沟通，与高校探讨进行原有科技成果的完善，以保证在市场竞争中占据主动；效用最大是指企业在科技成果转化的产业化阶段，掌握了市场的主动权之后，对收获的利益进行最优化分配，选取适当比例与高校进行合作研究，让自身的市场竞争力得到螺旋式发展，保证一定程度上的效用最大化。商业化的科技成果的转化主要是将高校的科技成果物化到企业的产品里面，企业通过产品的销售实现科技成果的价值，也就是将科技成果的潜在生产力转化为现实的生产力的过程。

2.2 高校科技成果向现实生产力转化机理研究

高校科技成果是潜在的生产力，只有将高校科技成果转化为产品或服务，才能实现潜在生产力到现实生产力的转化。高校科技成果转化需要有相应的转化组成体系和转化过程。

2.2.1 高校科技成果转化的组成体系

高校科技成果转化涉及高校、企业、政府部门、金融机构、市场和中介机构等，不同的学者从不同的视角对高校科技成果转化的体系进行了研究。有的学者从剖面结构进行研究；有的学者从转化过程进行研究。

高校科技成果要有效地转化，需要高校、企业、政府部门、金融机构和中介机构等多个主体通力合作，才能实现潜在生产力到现实生产力的转化。所以，高校科技成果转化涉及的主体有高校、科研院所、企业、政府部门、金融机构和中介机构。

刘志迎、赵晓丹基于自组织理论、进化理论和复杂性理论提出了科技成果转化系统网络模型——复合三链螺旋模型[25]，如图 2-3 所示。

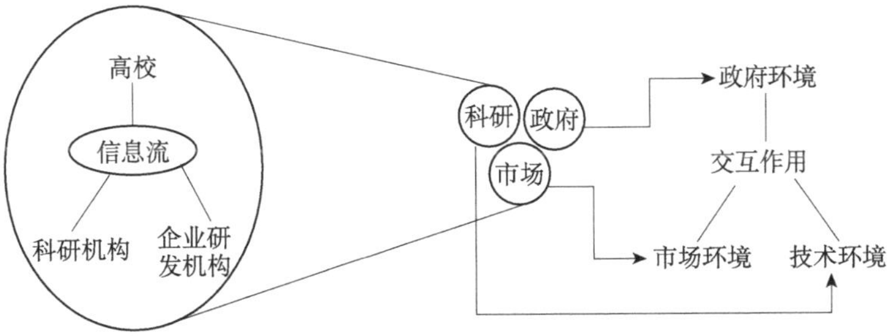

图 2-3　科技成果转化的复合三链螺旋体系示意图

复合三链螺旋体系将科技成果转化模型分为横向和纵向两个层次。在横向上，由成果的研制开发方（高校、科研机构和企业研发机构）、成果受让方组成。在纵向上，具体研究整个科技成果转化系统的运转过程，也就是如何有效地协调所有主体共同协作，取得优秀的科技成果，然后将其高效地转化为现实生产力，从而促进经济快速发展。整个科技成果转化系统由横、纵两个网络模型组成，并且纵向网络模型又包括横向网络模型，所以这种模型是一种复合性的模型。

高校科技成果转化的体系如图 2-4 所示。

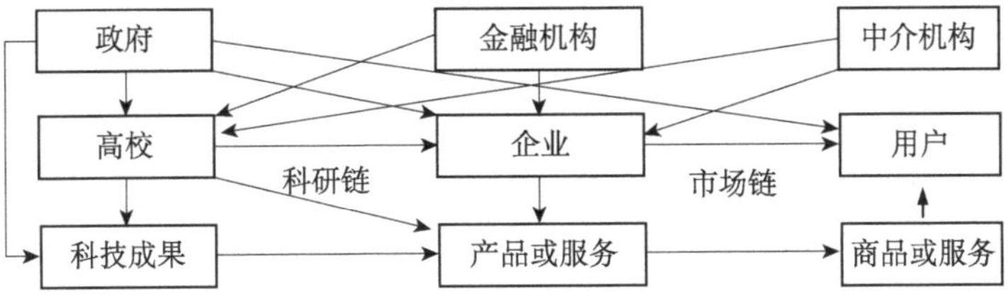

图 2-4　高校科技成果转化体系示意图

从图 2-4 可以看出，高校是科技成果的供应方，企业是产品或服务的生产方，通过市场将产品和服务销售出去，实现科技成果的价值，完成了潜在生产力向现实生产力的转化。科研链是科技成果转化为现实生产力的源泉和基础；市场链实现了科技成果向现实生产力的转化。

高校科技成果转化的支撑体系如图 2-5 所示。从图中可以看出，高校科技成果转化需要技术网络平台、市场网络平台、创新推广网络平台共同作用，需要政府管理机构、中介机构、技术市场和社会支撑等的支持。

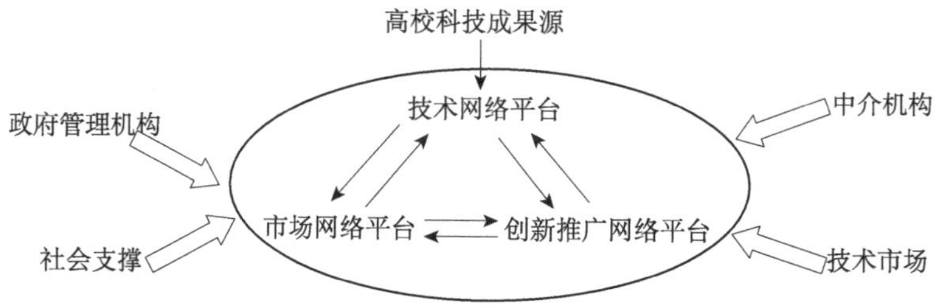

图 2-5 高校科技成果转化支撑体系示意图

政府管理机构是推动科技成果转化的调控子系统，通过制订科技成果推广计划，转化政策、法律法规等，对科技成果供需双方及中介机构进行具有决策性导向的宏观调控，以促进科技成果的商品化和产业化，为高校科技成果的产出和科技成果的转移，为生产企业的接受和应用创造良好的支撑环境。

技术市场是科技成果转化系统的重要组成部分，是高校（科研机构）和生产企业之间的纽带和桥梁，技术市场体系、管理机构的完善，法律法规建设及协调配套的发展战略等，将推动高校的科技体制改革，促进成果的有效转化。

中介机构为高校和生产企业的合作起到桥梁和纽带的作用，它可以将高校的科技成果信息和生产企业的需求信息发布出去，也可以为高校和生产企业寻求合作伙伴，对科技成果转化起到支撑作用。

在分析支撑力时，往往会忽视社会的支撑力，而社会支撑力是决定科技成果能否转化为现实生产力，以及转化速度与规模的重要支撑。

2.2.2 高校科技成果转化为现实生产力的机理

我国提出了大众创业、万众创新的理念，大众创业、万众创新是创新型国家发展的动力之源，也是富民之道、强国之策。我国已进入坚持创新驱动、建设创新型国家的关键时期，科技创新已成为推动结构调整、转变发展方式的核心和关键。我国鼓励“大众创业”，大众创业必须有创业的基础，高校科技成果转化为大众创业提供了创业的技术支持。

上文研究了高校科技成果转化的过程，将其分解为科技成果转化确立阶段、试验阶段、生产阶段和产业化阶段。要使科技成果转化为现实生产力，它的先决条件是将科学技术和生产相结合，并建立起一个自组织系统。根据科技成果转化影响因素的分析，我们知道这个系统包括科技成果经过试验转化和能量释放进入生产阶段的动力系统，也包括制约科技成果转化的各种因素的制约系统。

科技成果转化为现实生产力的实质是将科学转变为技术，再投入到生产的过程，为了实现这个过程就需要有一个转化链，这个转化链包括科技成果的研究→科技成果的推广研究→科学技术通过生产转移到产品中，通过销售为客户所使用，转化为现实的生产力的过程。知识（技术）只有通过生产过程，才能转化为高质量、高效率的活劳动，才能创造出惊人的价值。

科技成果研究将应用基础知识物化到生产技术、工程技术、工艺流程等原理和方法中，这个阶段主要在实验室完成，通过一系列的试验，创造和研制出新产品、新技术、新方法、新工艺、新规范等，这些新研制的新产品、新技术、新方法、新工艺和新规范在转化为现实生产力中起着非常关键的作用。

科技成果的推广，首先要将在实验室完成的科技成果进一步具体化，将实验室的成果进行广泛的试验，取得在生产和生活中可以实际使用的新的产品、工艺、设计和方案等，并通过扩大中间试验，在更大的范围上推广，将科技成果应用于实际生产。

通过生产将科学技术转移到产品中，生产出的产品通过销售转化为商品，这些商品通过大规模的生产，使得科学技术成果转化为现实的生产力。

在科技成果转化为现实生产力的过程中，除了转化链外，还有很多的因素制约着科技成果的转化。这些因素有很多，如转化主体、物化过程、管理过程等。

高校科技成果转化就是高校作为科技成果的供应（输出）主体，通过公共服务平台、中介机构等推广主体，将科技成果所包含的知识和技术传递给科技成果的应用（接受）主体，通过这个过程将科技成果转化为商品，从而使科技成果转化为现实的生产力。在这个过程中，推广主体可以推动科技成果的转化，快速地将科技成果转化为现实生产力。科技成果主体是实现科技与经济紧密结合的关键环节，科技成果转化为现实生产力的机理如图 2-6 所示。

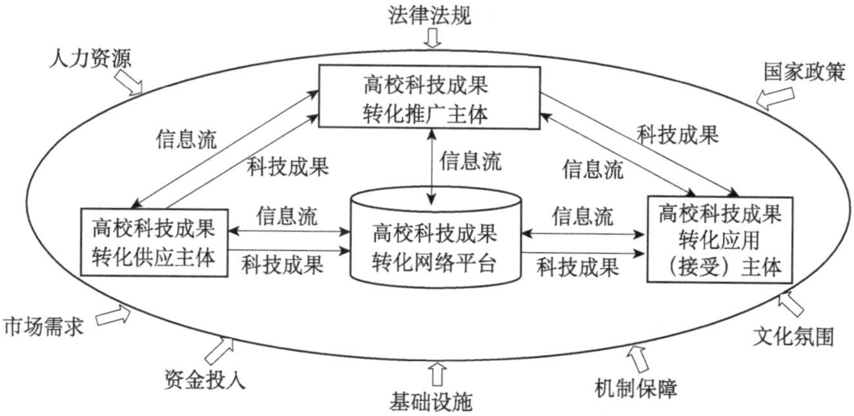

图 2-6 高校科技成果转化机理示意图

从图 2-6 可以看出，科技成果有效转化需要科技成果转化供应主体、推广主体和应用（接受）主体有效结合，三大主体互相影响、互相作用形成一种耦合互动关系。科技成果转化主体构成了供应方、需求方和推广方，在科技成果转化过程中三方相互影响、相互制约，又相互作用，它们构成了高校科技成果转化成现实生产力的三大核心主体。高校根据市场需求、疑难问题和灵感等进行科学研究，形成科技成果，科技成果只有转化才能形成现实生产力。为了将科技成果顺利转化，高校要开展科技成果的推广工作。推广方式有很多，可以通过高校科技成果转化网络平台、中介机构，也可以自己寻找需求方等。中介机构应建立成果所有者和成果需求者之间的联系，同时提供专利披露与专利营销等专业性服务。需求方可以通过网络平台发布需求信息，也可以通过中介机构寻找科技成果，科技成果转化需要有触发因素，上述因素就是科技成果转化的触发因素。科技成果转化过程是以需求方需求为导向，由科技成果对接、试验、生产制造、市场开发诸环节联结的有机整体，前后环节互相作用，前一个环节是后一个环节的输入，后一个环节是前一个环节的输出，通过这些环节形成了知识创新，创新知识附加于商品中，实现了知识的增长，使得产品的价值有所提升，也即科技成果转化为现实的生产力。科技成果中三大主体在一定环境条件下可通过耦合互动行为形成科技成果转化协同三角形，如图 2-7 所示。

从图 2-7 可知，M_1 为供应方提供的成果数量，M_2 为推广方推广的成果数量，M_3 为需求方需要的成果数量。

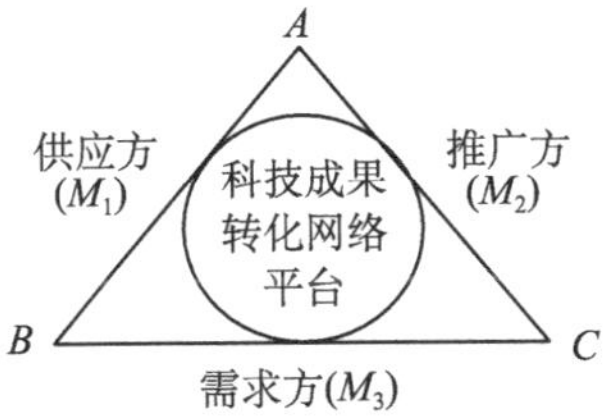

图 2-7　科技成果转化为现实生产力主体关系图

高校科技成果的转化可能存在如下的情况。

1. M_1 与 M_2 关系分析

当 $M_1>M_2$ 时，说明高校科技成果的数量大于推广方科技成果的推广数量，科技成果推广力度不够，高校应加大科技成果的推广宣传。

当 $M_1=M_2$ 时，说明高校科技成果的数量与推广方科技成果的推广数量刚好相等，科技成果推广力度效果好。

2. M_1 与 M_3 关系分析

当 $M_1>M_3$ 时，说明高校科技成果的数量大于需求方科技成果的需求数量，科技成果除了向需求方转化外，高校需要自建企业，进行孵化器处理等。

当 $M_1=M_3$ 时，说明高校科技成果的数量与需求方科技成果的需求数量相等，供需处于平衡状态。虽然供需处于平衡状态，但是如果 $M_1>M_2$，那么，推广方推广的科技成果数量不足，导致需求方不能得到所需要的科技成果，科技成果转化效率低。如果 $M_1=M_2$，那么，高校的科技成果已经被很好地进行了推广，而且能够满足需求方的需求，这是一种理想的状态，只有当 $M_1=M_2=M_3$ 时，科技成果转化效率才是最高的。

当 $M_1<M_3$ 时，说明高校科技成果的数量小于需求方科技成果的需求数量，出现了供不应求的现象，高校应该加大研发力度，多出科技成果。

3. M_2 与 M_3 关系分析

当 $M_2>M_3$ 时，说明需求方需要的科技成果数量小于推广方科技成果的推广数量，出现了供应大于需求的现象。

当 $M_2=M_3$ 时，说明推广方科技成果的推广数量与需求方的科技成果需求数量刚好相等，科技成果推广力度效果好。

当 $M_2<M_3$ 时，说明需求方的科技成果需求数量大于推广方科技成果的推

广数量，科技成果推广力度不足，或者高校科技成果产出不足。

科技成果供应主体、推广主体和需求主体通过网络平台可以很好地进行交流，通过网络平台各主体不仅能发挥自身的优势，还能形成优势互补，这样就会形成更大的效能，即在形成合理竞争环境的同时，还能使高校科技成果转化率逐渐提高。高校科技成果转化为现实生产力就必须依靠各主体间相互协同，实现共赢。

科技成果的物化过程是将知识形态的科学技术转化为物质形态的科技成果，再进行生产，转化为产品的过程。物化过程是一个非常复杂的过程，首先需要将知识形态的科学技术，根据市场的需求转化为新技术产品、新工艺、新工具、新流程等，将知识形态的科学技术物化为实用的技术，这种物化需要多学科的知识，需要进行长期的研究。在实验室进行的研究往往对技术条件要求很高，很难直接应用于生产，因此，还需要对实验室研究的成果进行进一步的研究，将这些实用的技术转化为可以在工厂进行生产的技术。这是对实用技术的进一步物化，这次物化是将实用技术与生产工艺、生产流程结合，物化为可以在工厂生产的实用技术。每次的物化都可能会有知识的创新。

除了主体影响和物化过程外，管理过程也会影响科技成果转化为现实生产力，该过程在此就不再深入探讨，有待学者进行进一步的研究。

科技成果转化为现实生产力除了动力系统外，社会的需求、孵化和激发对科技成果转化为现实生产力也有重要的影响。要使科技成果有效地转化为现实的生产力，必须有一个良好的社会环境，社会环境可以促进科技成果转化为现实的生产力。社会环境包括基础设施、机制保障、人力资源、国家政策、市场需求、资金投入、文化氛围和法律法规等多方面。

从图 2-6 可以看出，高校科技成果转化为现实生产力要完善内部结构和外部环境。①要建立健全内外部作用机制和支撑体系，使科技成果能够有效地转化为现实的生产力。这个支撑体系应该有一个稳定的资金投入机制，保证 *R&D* 的投入资金及成果转化资金需求。②体系中应该有完善的法律法规，对科技成果转化中的所有权、收益分配、税收优惠等重要问题给予明确的规定，并以法律的形式规定好，构建推动科技成果转化发展的良好法律环境。③体系中应该有基础设施保证，基础设施是科技成果转化平台的支撑条件。④还应该有充足的人力资源保证，科技成果转化需要有专业的人员实施。

⑤体系中还应该有国家政策，保证科技成果转化的安全性，从人才培养、激励机制等方面营造促进科技成果转化的氛围。

2.3 知识管理相关理论

知识将取代土地、资本、劳动而成为科技成果转化组织最重要的生产要素，知识是转化组织获得持续竞争优势的源泉[26]。

2.3.1 知识的构成

知识包括人类发明和发现的所有的科学技术、管理和行为等各个方面，它是人类通过思索、研究和实践所获得的对世界认识的总和，是一种经过个体头脑处理的信息。

知识管理是学者们研究的热点，人们对知识的划分进行了大量的研究。知识是人类认识的成果，J. R. Andersen将知识划分为两类，一类是陈述性知识，另一类是程序性知识；后来，认知心理学把知识划分为陈述性知识、程序性知识和策略性知识；陈樨根据信息内容把信息分成提供核心知识、外围知识和虚假知识的信息[27]；Michael Polanyi指出隐性知识的存在，并将知识分为显性知识和隐性知识，他认为显性知识是可以用形式化与制度化的言语加以传达的知识，隐性知识是无法用语言加以表达的知识；OECD经过研究认为知识具有三方面的属性：显性属性、排他属性和存在属性。显性属性包括显性知识（如专利申请书、学术研究论文中的公开发表的知识）、意会知识（技能型知识，难以用语言或文字明确表述或直接转移，这种知识的流动往往伴随人的移动而产生）和隐性知识（介于显性知识和意会知识之间，虽然没有写出来，但可在专家组甚至非专家组之间进行交流共享）。排他属性是附着在知识上的一种权利属性，与现有法律和道德规范相关，如是否有使用权、复制权、完全的经济拥有权等。存在属性是指知识已经存在，还是将会在后来产生，如表2-1所示。OECD在《以知识为基础的经济》中将知识分为 know-what（事实知识）、know-why（原理知识）、know-how（技能知识）和 know-who（人际知识）。know-what 和 know-why 是显性知识，know-how 和 know-who 属于隐性知识[28]；Boisot 将知识分为公共知识、专有知识、个人知识和常识等四种[29]，其中个人知识和专有知识属于隐性知识，公共知识和常识属于显性知识；Johannessen 从显性知识、系统化知识、关系性知识和隐性知识[30]来区分知识；竹内弘商和野中郁次郎对显性知识和隐性知识进行了详细的分类[31]，如表 2-2 所示。

表 2-1　OECD 三种知识属性比较

	显性属性	排他属性	存在属性
知识内容	显性知识 意会知识 隐性知识	使用权 复制权 经济拥有权	知识已经存在 知识以后产生

表 2-2　隐性知识与显性知识

	显性知识	隐性知识
知识内容	经验知识（具体） 即时性知识（此时此地） 模拟性知识（实践）	理性知识（抽象） 承续性知识（彼时彼地） 数字性知识（理论）

知识管理把知识与能力、动作、行为、观念、爱好等密切联系在一起，并从隐性与显性两个方面来划分知识，来重新认识和定义知识。隐性知识是无法用文字或符号表达的主观且实质的知识，它通常深植于个人的行为、经验、想法、价值观或情绪之中，且与特别情境有关，同时难以明确化、形式化和沟通。

竹内弘商和野中郁次郎根据显性知识和隐性知识的表达和转换，提出了著名的企业知识创造 SECI 模型，如图 2-8 所示；此外，国内外学者对隐性知识和显性知识进行了大量的研究，高章存和汤书昆在 SECI 模型的基础上基于认知心理学提出了企业知识创造的 IMCM 模型，如图 2-9 所示。

竹内弘商和野中郁次郎对四种不同的知识转换模式进行了研究，社会化也称为共同化，是通过共同的活动或实际接触来实现隐性知识在个体间的共享；表出化也称为外在化，是将隐性知识转化为公开的、易于理解的显性知识的过程；联结化也称为组合化，是将显性知识向更为复杂的显性知识体系转化的过程，即显性知识的交流、传递、系统化等；内在化也称为内化，是

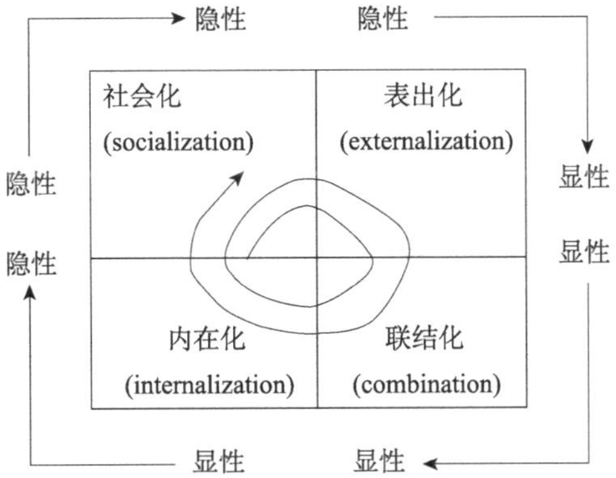

图 2-8 SECI 模型示意图

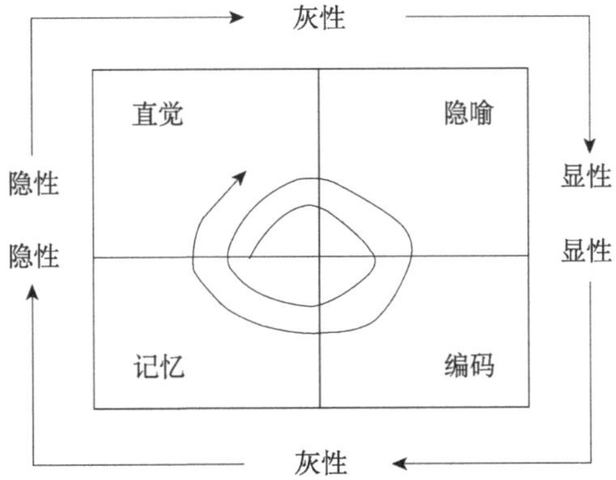

图 2-9 企业知识创造 IMCM 模型示意图

将已经外化的显性知识在个体或组织范围内向隐性知识转化的过程，隐性知识作用于人们的行动、社会实践、流程及战略创新等活动中。四个不同的知识转化模式构成了一个有机的整体，SECI 模型是对企业知识生产过程最为详尽的解释，是一种典型的知识分类方法，后来的研究都是在 SECI 模型的基础上进行的，有些是对 SECI 模型的扩充或者解释，但是很难突破 SECI 模型。

吴才唤认为，SECI 模型在阐述知识转化过程中，只研究了知识的显性和隐性是否容易表达，并没有更好地揭示知识的可表达性。也就是在知识显、隐性分类上没有应用知识是否“易表”的标准，而是采用了知识是否“已表”的标准，他认为“可表”和“已表”是动态和相对的，提出了新的显性知识和隐性知识的分类[32]，如图 2-10 所示。

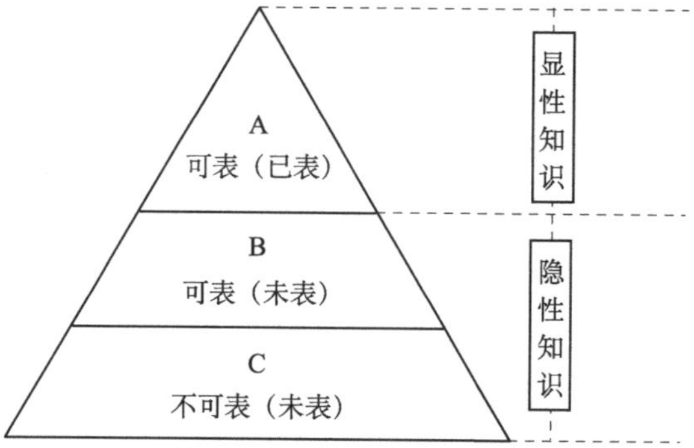

图 2-10　显性知识和隐性知识分类图

从上述的分析可知，知识由显性知识和隐性知识构成，显性知识是可以表达的知识，通常以印刷和电子版图书、期刊、报纸、会议文献、专利、标准、科技报告、学位论文、政府出版物、产品资料、档案、缩微胶片、录音带、录像带、CD、VCD、DVD、数据库等形式出现；也可以以网络数据库、网络论坛、博客、微博、轻博等与网络紧密结合的现代的载体形式呈现出来。隐性知识是不可以明确表达，或者是可以表达，但是不能以某种形式表现出来的知识。通常以技能、技巧、经验、诀窍等，以及人的洞察力、直觉、感悟、价值观、心智模式、团队的默契和组织文化等形式存在。显性知识和隐性知识是可以相互转化的，隐性知识的获取方式不是靠读书或听课等，而需要亲身参加相应的实践。在企业人员的知识结构中通常是隐性知识不足，而高校科技人员的隐性知识较多，科技成果的转化要将隐性知识转化为显性知识。

2.3.2　知识识别与获取

2.3.2.1　知识识别

知识识别是知识管理的基础，要对知识进行有效的管理，首先就得识别知识。知识识别方法有目标识别、过程识别、层次分析法、模式识别等。一般的知识识别用得较多的是目标识别，目标识别就是对目标和场景赋予正确的知识表达，然后通过个人的理解去解释图像，最终从背景中检测、识别出目标。语义知识识别用得较多的是层次分析法，如人脸表情识别。模式识别可以用于专家系统的信息识别等。

2.3.2.2 知识获取

SECI模型将知识分为“默会－默会”“默会－明晰”“明晰－明晰”“明晰－默会”四个子系统，明晰的知识比较容易获取，个人或组织可以通过学习习得；而默会的知识比较难获取，需要通过组织成员的分散学习、集中共享来掌握，即通过潜移默化来获得，如图2-11所示。知识的获取模式有分类获取、搜索获取、推送获取、关联获取和人际获取等，为了便于进行知识的获取，通常建立易用、便捷的知识分享平台。

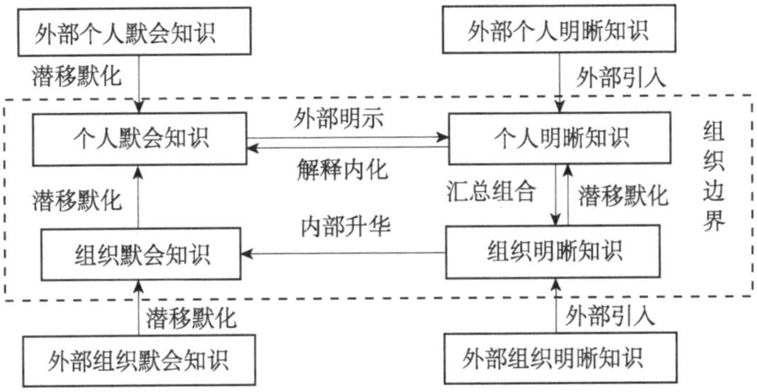

图2-11 知识识别与获取示意图

2.3.3 知识管理的概念

知识管理是新经济增长理论的产物，是新发展起来的一个研究领域，关于知识管理的定义现在尚不明确，许多学者从不同的视角给出了知识管理的界定。

A. Maryam等认为，知识管理是为了增强组织的绩效而创造、获取和使用知识的过程。

Thomas J. Beckman认为，知识管理是一个管理各种知识的连续过程，以满足现在和将来出现的各种需要，确定和探索现有和即将获得的知识资产，开发新的机会。

Schultze认为，知识管理是从事组织知识的生产、提取、存储、转移、转换、应用和保护等工作，涉及环境和文化氛围的营造，便于知识在其中进化。

Davenport认为，知识管理是指获取、开发、共享和有效利用组织知识的过程[33]。

刘一君等认为，知识管理就是对知识资本的开发，包括知识收集、知识分类、知识过滤、知识转化、知识转移、知识共享等具体方式[34]。

马费成认为，组织为实现管理目标，对组织内外部知识资源进行发现、挖掘、整理、整合、存储、维护，在最恰当的时候，把最恰当的知识传递给最需要的人，以保持组织的竞争能力、创新能力、可持续发展能力[35]。

知识管理是把信息转化为知识，用知识指导决策，并付诸行动，产生利润的过程。知识管理就是以知识为核心的管理，它是通过确认和有效利用已有的和获取的知识，并通过对各种知识的连续性管理，提高组织的创新能力和价值创造能力，以满足组织现有和未来开拓市场机会需要的一种过程。知识管理的出发点是把知识看作是最重要的资源，把最大限度地获取利用知识作为提高组织竞争力的关键。因此，开展知识管理，有利于组织有效地开发其知识资源，使知识资源在深度和广度上得到扩展；有利于组织有效地利用其知识资源促进和强化组织的创新能力，以适应经济的不断变化；有利于组织将知识资源与其他资源更好地结合，从而提高组织创造价值的能力。

简单地说，知识管理的主要内容就是对知识的生产、学习、交流、利用、评价和改进等进行管理，其中最重要的内容是发挥员工知识创新的积极性，使他们的隐性知识得到充分的挖掘和共享。知识管理的内容如下。

1. 组织内部知识的交流与共享

对于一个组织而言，创新是其竞争之源，而创新本身实质上是新知识的创造，是组织知识资源的积累，因此，在组织内部各个部门及各个员工之间、在组织内外部之间，都应该加强知识的交流与共享，比如，建立内部信息网，便于员工进行交流。

2. 驱动以创新为目的的知识生产

在知识经济时代的市场竞争中，知识就是竞争力之源。无论什么知识，只要先人一步掌握，就可能给组织创新带来极大的便利和可能，甚至是巨大的利润。因此，创造适宜的环境与条件，充分开发和有效利用组织的知识资源，进行以创新为目的的知识生产，是知识管理的一项重要内容。

3. 支持从外部获取知识，并提高消化吸收知识的能力

组织要立于不败之地，就必须要不断地创新，创新就必须积累和扩大组织的知识资源，而这种知识积累不能仅依靠组织自身的知识生产。因为一个组织的生产能力毕竟是有限的，所以，必须注重从外部获取相应的知识，并进行消化吸收，使其成为组织本身的资源。

4. 将知识资源融入到组织产品或服务以及生产和管理过程

组织的创新是使组织的知识资源转化为新产品、新工艺、新的组织管理方式等，并且创新离不开知识资源与组织产品或服务，以及生产过程和管理过程的融合。因此，知识管理要明确组织在一段时间内所需要的知识及开发的方式和途径，贯彻相应的开发和利用战略，保证组织的知识生产、知识资源的积累扩大和组织的产品、服务、生产过程和管理过程的紧密结合。

知识管理的目标包括五个方面，即知识共享、知识创新、提高竞争力、知识链管理和建立知识生态[36]。知识管理在科技成果转化中具有非常重要的作用，许多学者研究了知识管理与科技成果转化的关系。在科技成果转化过程中如何识别、获取、整合和共享知识，对科技成果转化的成败起着决定性的作用。科技成果转化的过程包含了知识管理的三种行为，即知识的识别与获取、知识的共享与学习、知识的整合与创新等。

2.4 高校科技成果转化知识管理GSSP模型构建

高校科技成果转化中涉及知识的获取（gain）、知识的共享（sharing）和学习（study）、知识的增值（propagation）等，根据高校科技成果转化的几个阶段与知识的关系建立的GSSP模型，研究基于知识管理的高校科技成果转化是非常必要的。

高校科技成果转化要经过知识的获取、共享和知识的学习、知识的增值等过程，高校科技成果转化知识GSSP模型如图2-12所示。

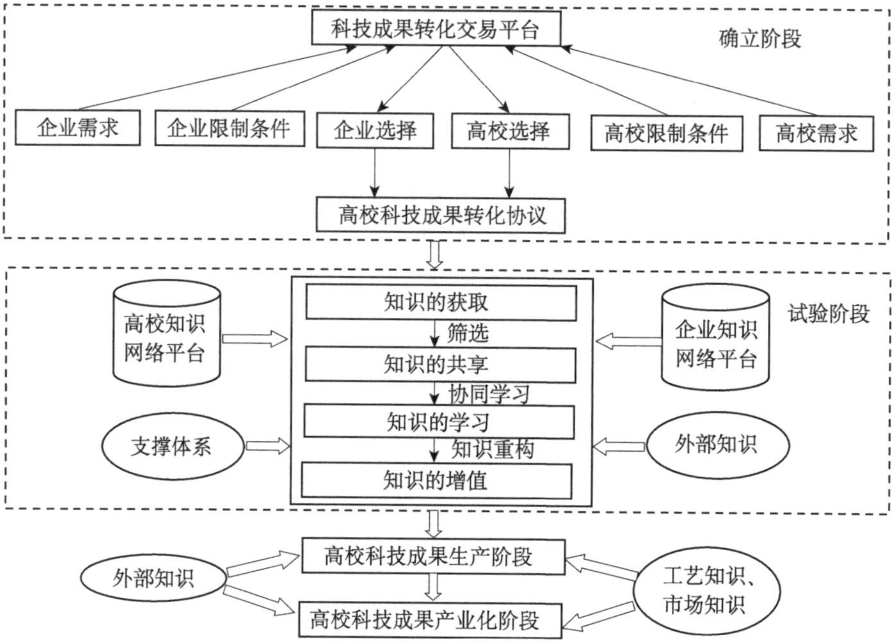

图 2-12 高校科技成果转化知识管理 GSSP 模型图

从图 2-12 可知，高校科技成果转化在试验阶段需要在高校知识网络平台和组织知识网络平台的作用下，进行知识的获取、共享、学习和增值，完成科技成果转化的试验，在取得科技成果确定预期效果的情况下，进入到生产阶段，在生产阶段通过外部知识、工艺知识等学习，将科技成果物化为可以销售的含有高科技知识的产品，将产品通过销售网络销售出去。产品经过试销，对顾客反馈回来的信息及市场信息等利用工艺知识和外部知识进行产品改造，改造过的产品可以进行大批量的生产，使得高校科技成果产业化。

高校科技成果转化知识管理 GSSP 模型只是从宏观上研究了科技成果转化各阶段与知识管理的关系，对于科技成果转化过程中知识的转移及知识增值还需要进行深入的研究。

第 3 章

高校科技成果转化知识转移与知识增值研究

以知识管理为基础研究科技成果的转化，可以更好地把握知识的转移，更好地了解知识的增值过程，有利于科技成果转化的顺利进行。

3.1 高校科技成果转化知识转移研究

高校科技成果转化的最佳模式是创新网络模式，该模式有利于产学研协同创新，有利于科技成果的知识转移及产学研协同知识创新。

3.1.1 科技成果转化知识转移的定义

产学研协同创新各主体要进行知识协同就必须进行知识的转移。科技成果转化为产品，就必须将知识（技术）转移到产品中。早在 1977 年，美国学者 Teece 就提出了“知识转移”的概念，他认为，通过技术的国际转移，能够积累起大量的跨国界应用的知识。此后，国内外众多学者对知识转移定义进行了大量的研究，比较有代表性的定义如表 3-1 所示。

表 3-1　知识转移定义

学者代表	知识转移定义
G. Szulanski[37]	知识发送方与知识接受者之间的交换过程
D. G. Ko 等[38]	知识转移是一个认知的过程
J. C. Bou-Llusar 等[39]	采用最佳和最可靠的方式将知识从一个实体转移到另一个实体的行为
K. Laframboise[40]	知识源将知识传递给知识接受方的过程，知识接受方吸收并应用这些知识
E. U. Bond Ⅲ等[41]	发送方和接受方交互的动态过程
F. C. Tang 等[42]	知识在发送方和接受方之间转移的循环往复过程
王开明、万君康[43]	包括知识发送和接受两个基本过程，这两个过程是由两个不同的参与者（发送者和接受者）分别完成，并通过中介媒体连接起来的
董小英[44]	强调知识在转移过程中发生新的变化，在这个过程中，作为接受方的企业的组织能力才能真正得到提高
许强、郑胜华[45]	知识从转移方向知识接受方传递，并让接受方理解和接受的过程
谭大鹏、霍国庆[46]	在受控环境中实现知识从拥有者到接受者的传播，从而缩小人类个体或组织之间的知识差距并促进人类共同发展的过程
左美云[47]	知识势能高的主体向知识势能低的主体转移知识内容的过程，这个过程随着知识的使用价值的增加，一般会带来相对应的回报
李刘胜[48]	知识由知识势能较高者（即知识源）向知识势能较低者（即知识接受方）的传递，以及知识接受者对知识的吸收过程

通过对表 3-1 中关于知识转移定义的分析可以发现，虽然各位学者对知识转移的理解不同，定义的角度不同，但是归纳起来有两点基本是一致的，即知识流和知识应用。知识转移强调的是对知识的理解、吸收和利用，强调知识的重构。只有当接受方对知识理解并吸收的情况下，才能实现知识的成功转移。因此，知识转移是在特定的情境下，从知识的发生源到知识的接受方转移的过程，知识接受方对接收到的知识进行消化、吸收，最后转化为自己的知识，并将其应用于实践中的过程。因此，知识转移有四个基本要素：知识发送方、知识接受方、知识特性和知识转移路径。

3.1.2　基于动态能力理论的科技成果转化知识转移过程分析

Teece 在 1997 年提出了著名的动态能力理论框架，他认为动态能力由过程、位势和路径三个构面组成，如图 3-1 所示。罗珉和刘永俊 2009 年认为，动态能力有四个能力维度，分别是市场导向的感知能力、组织学习的吸收能力、社会网络的关系能力和沟通协调的整合能力。

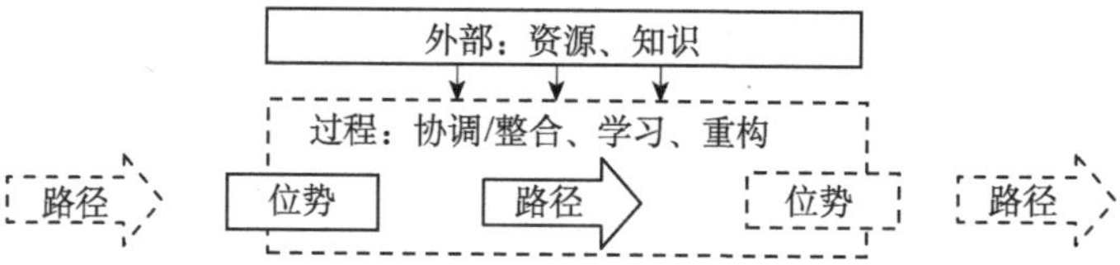

图 3-1 动态能力理论框架图

科技成果转化的最佳模式是产学研协同创新，产学研协同创新的知识转移是基础知识从高校或者科研机构（知识供给方）转移到企业（知识需求方），技术和工艺知识从企业（知识供给方）转移到高校或科研机构（知识需求方）的过程。按照动态能力理论，产学研协同创新的知识转移是在产学研协同创新的过程中，由于知识势差，知识通过一定的路径，从知识发生源到知识接受方的转移过程，知识接受方对接收到的知识进行整合、学习并重构，最后，转化为自己的知识，并将其应用到实践中。知识转移按照转移的过程大致可以分为准备、实施和终止三个阶段。

3.1.2.1 准备阶段

准备阶段通过对知识转移的需求分析，在市场导向感知能力的作用下，明确所需要的知识资源需求。转移准备阶段主要是产学研协同创新主体根据内外部的创新需求和创新机会来识别知识转移的可能性，判断的依据是市场需求、客户需求、国家政策、技术发展动态等。在内外部需求的共同作用下，寻求合适的产学研协同创新伙伴，也就是科技成果转化的确立阶段。确立了产学研协同创新伙伴，接着就是要明确产学研协同创新所需要的各类资源。

3.1.2.2 实施阶段

在准备阶段完成后便进入到实施阶段。实施阶段需要确定所要转移的知识、转移的渠道和途径、转移的干扰因素等。知识能否顺利转移取决于知识转移构成要素所组成的系统能否顺利地将知识从知识源传递到知识接受方，并被接受者吸收。知识转移的路径多种多样，有网络转移方式、面对面交流方式等多种。一般来说，知识转移是从知识势能高区位向低区位进行转移。知识在转移的过程中会受到产学研协同创新联盟内外部各种障碍因素的干扰，根据产学研协同创新网络知识转移的构成要素，产学研协同创新网络知识转移的一般模式如图 3-2 所示。

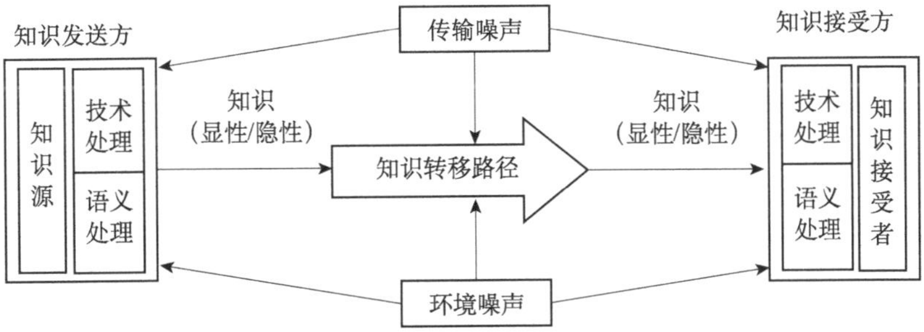

图 3-2　产学研协同创新网络知识转移的一般模式图

技术噪声是指在进行知识的表达与接受中存在着的技术问题；知识在表达和接受的过程中也存在着语义理解的歧义，也就是语义噪声。知识转移的过程中会受到传输媒介、环境等影响，也会产生传输噪声和环境噪声，要使科技成果转化顺利进行就要消除技术噪声、语义噪声、传输噪声和环境噪声。

在知识转移的初期，产学研各主体的知识转移途径单一，转移效率不高，此时交流的主要是显性知识。而隐性知识主要是人脑中的以个人经验为基础的各种无形因素的知识，它难以系统化，并难以进行交流。隐性知识的传递需要特殊的途径，因此，传统的信息交流平台不能很好地实现隐性知识的共享与转移。随着产学研多方的协同创新磨合，各个主体内部和各个主体之间的频繁交流，各主体之间的信任程度加强，隐性知识开始更好地进行转移，转移来的隐性知识通过组织学习的吸收能力，去其糟粕，留其精华。在社会网络关系能力和沟通协调整合能力的作用下，知识转移过程顺利完成。在组织动态能力作用下，产学研协同创新主体的知识存量不断积累，当知识存量达到了一定的水平时，就会有知识溢出产生，这样就可以产生知识创新的新成果。

3.1.2.3　终止阶段

当知识转移的目标实现以后，产学研协同创新主体可以考虑终止本次的知识转移。对知识转移的成果可以进行阶段性的评估，便于将来进行利益分配。产学研协同创新中的知识转移是不断进行的，每次的转移都要经过三个阶段。产学研协同创新的知识转移模型如图 3-3 所示。

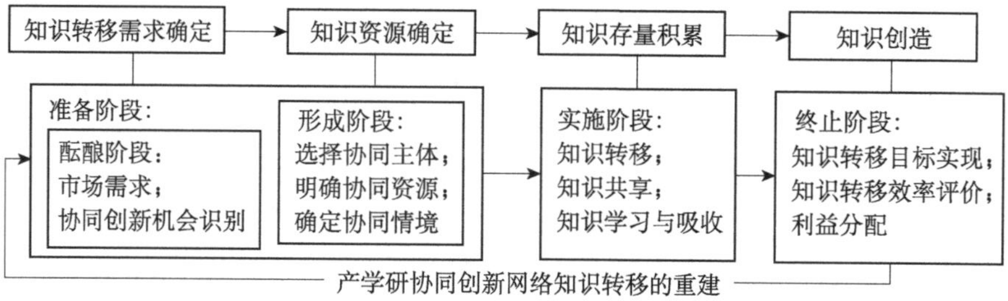

图 3-3　产学研协同创新网络知识转移模型图

3.1.3　科技成果转化知识转移的影响因素分析

国内外学者对知识转移影响因素做了大量研究，并取得了很多显著的成果。其研究视角经历了由传统的信息网络视角向社会网络视角的转变[49]，有从联系的强弱[50]、内外部因素[51]、动态能力[52]、转移过程[53]、转移阶段模型[54]和契约与信任[55]等方面研究知识转移的影响因素。根据前面对产学研协同创新网络知识转移过程的分析，我们知道知识转移有四个要素，因此，影响知识转移的主要因素有知识自身特性、知识位势、知识源、知识接受方、知识转移路径等。下面分别从这几个方面进行分析。

3.1.3.1　知识自身特性

知识按照属性可分为显性知识和隐性知识。显性知识可以用正式的语言表述，可以通过书面形式用文字、数字等明确表达与交流，显性知识可以通过间接方式获得，但是需要进行编码和解码，解码后显性知识可以内化为隐性知识。隐性知识具有独占性与排他性，隐性知识的共享与交流必须通过“人对人”的方式进行，只有与拥有相应知识的人直接接触才能实现知识的共享和传播，因此，隐性知识的传播效率极低。隐性知识经过分析和整理，可以系统化、载体化，可以将隐性知识转化为显性知识，这个过程就是知识创新的过程。知识的内隐性、嵌入性、复杂性、模糊性和可表达性等对知识的转移都有影响，显性知识就容易转移，而隐性知识由于不容易与他人进行分享或沟通，就难以转移。知识是在特定的情境中产生，并且与组织文化、组织制度、人员素质等紧密相关，转移的知识只有和特定的情境相融合，才有利于传播与共享，才能实现知识的有效转移。知识是一个庞大、复杂的网络体系，知识的复杂性导致其具有高度的模糊性。模糊的知识由于其自身的特性，很难被模仿和掌握，因此，复杂性和模糊性阻碍了知识的转移，容易表达的知识容易转移。

3.1.3.2　知识位势

位势就是知识的势差。知识位势是主体对知识积累的知识存量所具有的位势（势能）。由于产学研协同创新各主体专业领域、知识结构、文化氛围、人力资本等不同，各主体对知识存量的积累不同，知识在各个主体之间分布不均衡，这种不均衡就是引起知识势差的根本原因。由于知识积累的深度和广度不同，所以存在不同的相对知识势差。知识势差的大小不仅与知识的质量、数量、知识结构有关，也与各主体方对知识与技术的知识存量及吸收的能力有关。知识势差是引起知识转移、扩散的最主要原因。主体的知识存量越大，知识位势就越高，向外界进行知识转移或扩散的能力就可能越大。知识源主体与知识接受方主体存在着的知识差和知识势差，导致了知识资源的转移，所以说知识势差是引起知识资源转移的主要原动力。知识的势差大，相对来说，知识的转移和传递容易一些，但是不是知识势差越大就越容易转移。只有当知识属于相同或相近知识领域，具有较大的知识重合程度，知识的属性差异小时，才有利于知识的转移和传送；如果是不同知识领域，知识的重合程度比较小，知识的属性差异大，势差越大则越不利于知识的转移和传递。因为协同的主体无法理解和吸收新的知识，如果这种情况下进行知识的协同，知识协同成本就会增加，这样的知识协同是非常困难的。即使是相同知识领域，势差过大也不利于知识转移和传递，因为接受方由于知识势差过大，对接收到的知识难以消化和吸收，势必会造成对知识转移的阻碍。如果协同创新主体之间的知识差异过小，也就是说协同主体原有的知识具有很高的相似性，相似性越高，知识的重合程度就越高，在这种情况下也不利于知识协同。一般来说，随着知识的差异由小到大，知识的势差由小到大，知识转移的速率也由小到大，但是当知识势差达到一定的程度时，知识转移的速率就转变为由大到小。只有当势差处于某一个临界值时，才有利于知识转移与传递，也就是知识的转移速率才会最高。不同的产学研联盟知识势差的临界值不同，知识转移的趋势曲线如图 3-4 所示。

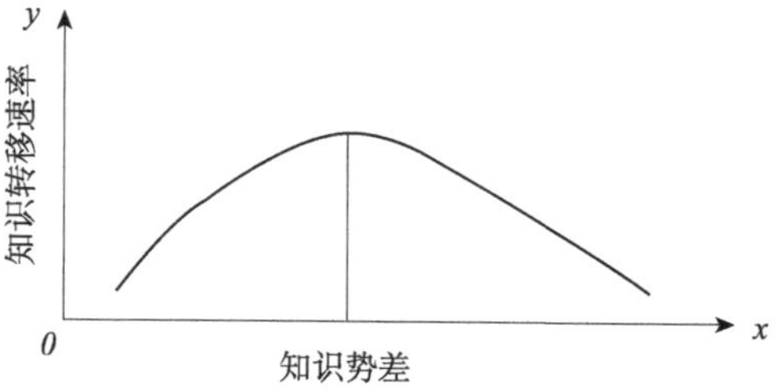

图 3-4 产学研协同创新网络知识转移速率与知识势差的关系图

3.1.3.3 知识源

知识源指的是知识的发送方，既可以是学研方，也可以是企业，知识源对于知识的转移有非常重要的作用。产学研协同各方的信任程度、知识转移的意愿、知识转移的动机、转移能力、转移经验、市场需求、激励机制、知识势差等对知识的转移都有影响。知识发送方的知识转移主观意愿是发送方向接受方进行知识转移的前提条件，在缺乏激励机理和信任的情况下，发送方会担心自己的核心知识流失，失去自身原有的地位和优势，因此，发送方的转移意愿就会降低。一般来说，发送方对接受方信任的程度越高，知识势差越大，接受方的战略地位越高，转移知识的意愿就会越强烈；否则，转移知识的意愿就会越弱。知识转移的意愿越弱，越不利于知识的转移。发送方与接受方的关系越和谐，转移知识的内容就会越多，核心知识、关键技术、管理知识等转移也就越多。知识转移能力对知识转移有一定的影响，知识转移方要选择合适的转移方式，既要了解知识本身的特性和规律，找出隐性知识的传播规律，又要分析知识接受方吸收的意愿等，提高知识转移的效率；市场需求对知识源方也有一定的影响；激励机制也影响知识源方进行知识转移；知识势差对知识源方的知识转移也有重要影响，知识势差过大，不利于交流，知识转移效果也不好。

3.1.3.4 知识接受方

知识接受方的接受意愿、知识挖掘能力、知识内化能力、利益驱动、接受动机、知识的预见性、知识存量、知识结构、沟通解码能力、学习能力、知识重构能力、知识转移成本等都影响知识的转移。知识接受方的接受意愿越强，越有利于知识的转移、共享和交流。接受意愿很大程度上取决于知识的接受动机、知识结构和知识预见性等。知识内化能力是指对知识的识别、消化吸收及应用有价值的新信息的能力。知识内化能力强，知识转移速率就大，知识转移的效果就好；否则，知识转移的速率就低，知识转移的效果就会差。知识内化能力的影响因素有先验知识、知识结构、研发投入、学习能力与强度、学习方法、学习机制等。学习能力越强，强度越大，学习效果就越好。除了学习能力及强度，吸收新知识也需要有效的学习方法和学习机制。接受方的知识结构越合理，沟通解码能力越强，学习能力越强，知识转移速率就会越大，知识转移的效果就会越好；接受方的知识重构能力越强，创新能力就会越强；知识转移成本低，知识转移的速率就大；反之亦然。

3.1.3.5　知识转移路径

知识的有效转移具有路径依赖性，不同的知识依赖于不同的转移路径，因此，如果知识转移的渠道选择不合适，就不利于知识有效的转移。产学研协同创新主体内外部因素对转移的路径都有影响。网络能力、知识转移通道、转移路径的长短、转移机制、沟通能力、技术水平、市场竞争环境、文化差异、产学研协同创新模式、国家政策、社会背景、社会关系、社会结构等都对知识转移有影响。其中，网络能力对知识的转移影响比较大，其包括网络关系维度和结构维度等。产学研协同创新各方通过网络平台进行知识的传递，网络平台主要是进行显性知识的传递；产学研各主体通过有效的沟通交流可以更好地传递隐性知识。通过不同的传递路径传递不同知识的速率不同。

产学研协同创新网络知识转移影响因素作用模型如图 3-5 所示。

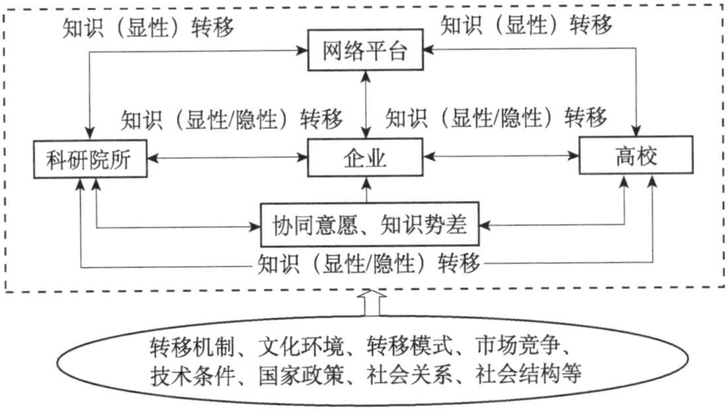

图 3-5　产学研协同创新网络知识转移影响因素作用模型图

产学研协同创新各主体对知识转移起到不同的作用，知识转移有四个要素。根据动态能力理论知识转移要经过准备、实施和终止阶段，产学研协同创新网络知识转移受到系统内外部各种因素的影响，通过对知识自身特性、知识源、知识位势、知识接受方和路径等方面影响因素的分析，知识协同意愿、知识势差、合作模式等对知识转移有很大的影响。为了更好地进行产学研协同创新网络知识协同，必须加强知识的有效转移。

3.2 产学研协同创新网络知识转移过程建模与仿真

产学研协同创新就是产学研各主体投入各自的优势资源和技术等，在政府、中介、金融机构等多主体协同下，共同完成技术创新的协同活动。在协同创新的过程中，各个主体之间存在着知识的共享、知识的协同和知识的创造。在产学研协同创新过程中创新网络逐步建立，并成为企业获取外部知识的重要来源。国内外越来越多的学者研究产学研协同创新中的知识转移，这些研究主要集中在两类：一类是定性分析，主要研究知识转移的影响因素[56]-[58]、转移动力[59]、机制[60]及发展路径[61]等；另一类是定量研究，通过仿真研究知识交互方式[62]、知识转移过程[63]、知识转移行为[64]等。

3.2.1 产学研协同创新网络知识转移过程分析

E. U. Bond Ⅲ从知识转移的动态过程来研究知识转移[41]；吴悦等基于知识流研究了产学研协同创新的知识协同过程与关系[65]；产学研协同创新网络知识协同是在特定的情境下，从知识的发生源到知识的接受方进行知识转移，知识接受方对接收到的知识进行消化、吸收，最后转化为自己的知识，并将其应用于实践中进行知识创新的过程。

产学研协同创新网络中核心主体有企业、研究机构和高校，其次还有政府、中介机构和金融机构等。产学研协同创新网络除了创新主体，还有创新网络的环境。创新主体对产学研协同创新网络知识转移有重要的影响。此外，协同机制、文化环境、协同模式、市场竞争等因素也影响知识的转移效率。

知识协同过程中最主要的活动是知识流动，也有的学者称为知识转移。知识流动是指在一定情境中，知识从知识源到接收单位的传播或转移过程[66]。知识在各个创新主体之间不停地交流，知识的流动促使各个创新主体不断地学习，使得知识产生增值，从而使某些主体形成知识优势。在产学研协同创新网络中，"协同"作为一种过程与生长的自组织调节机制[67]，通过控制知识流的传递，不断自动调节着各主体间知识水平的变化。各个主体随着知识流动形成了复杂的动态协同关系。产学研协同创新网络的知识协同过程，如图 3-6 所示。

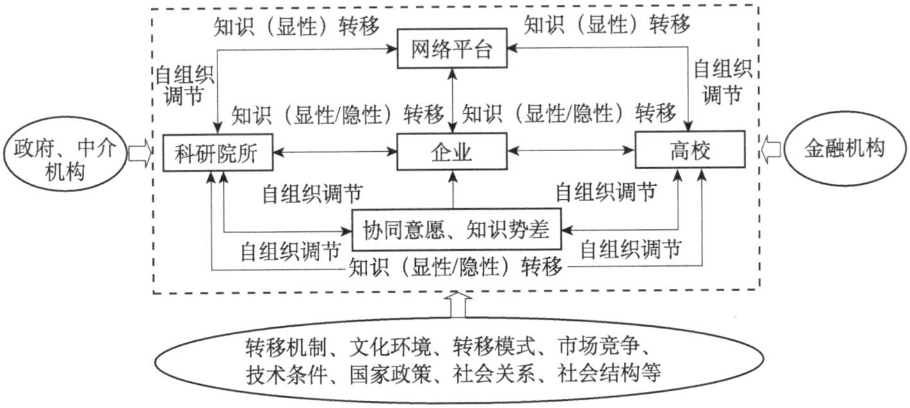

图 3-6　产学研协同创新网络知识转移过程模型图

知识协同按照知识转移的过程大致可以分为准备、实施和终止三个阶段。准备阶段包括酝酿阶段与形成阶段，酝酿阶段通过对产学研知识协同的需求进行分析，明确创新主体所需要的知识资源需求。产学研协同创新主体根据内外部的创新需求和创新机会来识别知识转移的可能性，判断的依据是市场需求、客户需求、国家政策、技术发展动态、转移渠道和转移方式等。形成阶段是在内外部需求的共同作用下，寻求合适的产学研协同创新合作伙伴、明确协同创新所需要的各类资源，确定知识转移的情境。在准备阶段，政府、中介和金融机构会起到比较大的作用。实施阶段主要是确定所要转移的知识、转移的渠道和途径、转移的干扰因素等。知识能否顺利转移取决于知识转移构成要素所组成的系统能否顺利地将知识从知识源传递到知识接受方，并被接受者吸收。因此，知识转移的实施阶段主要是核心主体与知识转移环境的共同作用，在实施知识转移时，起决定作用的是企业、研究机构和高校。当知识转移的目标实现以后，创新主体对知识进行整合、衍生，创造出新的知识，实现知识的协同。各主体在知识资源的协同下，产生 1+1>2 的协同效应。完成知识的创造可以对知识转移的成果进行阶段性的评估，便于将来进行利益分配。

为了简化知识转移的过程，本书主要研究产学研协同创新中的核心主体。企业、科研机构和高校可以被抽象为不同的主体，各主体要进行知识协同就必须进行知识的转移。产学研协同创新网络知识转移强调的是对知识的理解、吸收和利用，强调知识的重构。只有当接受方对知识理解并吸收的情况下，才能实现知识的成功转移。在进行知识转移时，除了知识转移的主体，还需要有转移的环境。网络平台，以及协同机制、政府、中介机构和金融机构等都可以看作是知识转移的环境。

3.2.2 产学研协同创新网络知识转移模型构建

产学研协同创新网络知识协同首先要进行知识转移，然后才能够对知识进行协同。从图 3-6 分析可知，产学研协同创新网络知识转移包括知识转移主体和知识转移环境。

3.2.2.1 知识转移主体

产学研协同创新网络知识转移的核心主体有企业、科研机构和高校等，将协同创新主体抽象为 Agent，基于 Agent 理论建立产学研协同创新网络知识协同模型（agent-based knowledge collaborative model，AKCM）。知识转移的主体属性包括资本和知识两大类，为了减少分析过程的复杂性，本书只研究知识属性。由于知识是非物质性的，进行知识的价值和数量分析非常复杂，因此，本书采用王韬等的研究方法，采用信息化指数和科技竞争力指数模型[68]。产学研协同创新主体在不同知识领域内的知识水平指数为

$$K=\left\{K_1,K_2,\cdots,K_n\right\},K=1,2,\cdots,n\text{；}\quad K_k\in[0,1] \tag{3-1}$$

式中，K_k 为创新主体在知识领域 k 的知识水平指数。

产学研协同创新的知识协同是指知识主体将需要的信息和知识传递给选择的对象，并实现知识创新的“单向”“双向”或“多向”的多维的动态转移与学习的过程。只有当创新主体的知识水平指数 K_k 增长到上限 1 时，才认为知识主体在 k 领域的知识趋于完善。如果多数的主体都达到知识完善的程度，那么知识水平指数 K_k 就达到了上限 1，这时就不能反映出知识主体的知识势差，因此，在该领域内的知识主体已经取得了满意的结果，该知识领域内的知识价值就开始降低，知识主体就会寻求新的知识领域。知识主体的整体知识水平指数为

$$K = K_0 \sum_{k=1}^{n} W_k K_k \tag{3-2}$$

式中，K_0 为常数；W_k 为指标 K_k 的权重值。

在知识协同的准备阶段，主要是根据市场需求确定和环境等条件进行知识转移需求的确定、知识资源的确定、知识转移途径和选择协同的主体对象等。由于该阶段没有进行信息和知识的传递，所以各个主体的知识水平指数是不变的。

在知识协同的实施阶段，知识水平指数大的主体向知识水平指数小的主体进行知识的转移，在知识转移的过程中，知识主体要进行知识的共享、学习与吸收，知识主体在从第 t 周期到第 t+1 周期的转移中，通过对知识的学习及吸收，使得原有的知识存量有所增加，使得知识水平指数发生了变化。在现实的知识转移过程中，知识水平指数大的主体通过交流，也可能会获得收益。本书假设在知识转移的过程中，只引起知识水平指数弱的主体的知识增长。

假设有两个创新主体 i 和创新主体 j，当创新主体 i 的知识水平指数小于创新主体 j 的知识水平指数时，那么创新主体 i 从第 t 周期到第 t+1 周期知识转移的结果使得创新主体 i 的知识水平指数有所增加。创新主体的知识水平指数增加值的大小与创新主体 j 和创新主体 i 的知识水平差异有关，与创新主体 i 对知识的吸收能力有关。假设创新主体 i 的知识水平指数大于或者等于创新主体 j 的知识水平指数时，创新主体 i 从第 t 周期到第 t+1 周期的知识转移的结果不会引起创新主体 i 的知识水平指数变化。具体如下：

$$K(t+1)_k^i=\begin{cases}K(t)_k^i+\theta\times[K(t)_k^j-K(t)_k^i]\beta, K(t)_k^i\prec K(t)_k^j\\ K(t)_k^i, K(t)_k^i\geqslant K(t)_k^j\end{cases}, k=1,2,\cdots,n \quad (3\text{-}3)$$

式中，$K(t)_k^i$ 表示创新主体 i 在第 t 个周期结束时所具有的 k 知识领域的知识水平指数；$K(t+1)_k^i$ 表示创新主体 i 在第 t+1 个周期结束时所具有的 k 知识领域的知识水平指数；θ 表示知识转移过程中知识增量系数，知识的转移还和两个主体之间的知识水平指数差异有关；β 表示创新主体 i 对知识的吸收能力的系数。

在知识协同的终止阶段，创新主体内部通过交流，使得创新主体的知识存量有所增加，知识存量增加到一定的程度就产生了知识的创新。知识创新使得创新主体的知识水平指数迅速增加，增加值为 δ。创新阶段的知识水平指数变化如下：

$$K(t+1)_k=K(t)_k+\delta \quad (3\text{-}4)$$

式中，δ 为知识创新增量。

3.2.2.2 知识转移环境

产学研协同创新通过网络来实现，创新网络包括创新主体和创新环境。在产学研协同创新的准备阶段，创新主体根据市场需求、客户需求、政府政策、转移渠道和方式、技术发展动态等选择协同创新主体，根据自身的实际情况来选择自己缺乏的知识领域，然后在协同创新网络中搜寻与自身知识相匹配的创新主体，两个创新主体协同资源，确定协同的情境，进行知识的转移。为了便于分析，曾德明等对创新网络环境进行如下的限定[69]。

（1）假设创新主体的知识水平指数是透明的，即每个创新主体都知道自身及其他创新主体的知识水平指数。

（2）假设创新主体两两进行配对转移，并且每个创新主体在一个周期内只进行一次知识转移活动，即它只能从其他创新主体中的某一个主体获得某一项知识。

（3）创新主体每次都搜寻最缺乏的知识领域，然后在创新网络中找出该领域知识水平指数最适合的创新主体，进行知识转移活动。即创新主体选择知识互补性强的创新主体进行知识的转移活动。

（4）假设创新主体知识转移渠道是顺畅的，在转移的过程中没有知识水平指数的损失。

3.2.3 产学研协同创新网络知识转移仿真

3.2.3.1 参数初始设置

本书以一个具有 20 个产学研协同创新主体的创新网络为例，假设每个创新主体包括 10 个不同的知识领域，产学研协同创新网络知识协同的环境参数设置如表 3-2 所示。

表 3-2 产学研协同创新网络知识转移模型的相关参数

参数名称	符号	设定值及说明
创新主体 i 在知识领域 k 的知识水平指数初始值	$K(0)_k^i$	如非特别说明，均取随机值 [0，0.5]
常数	K_0	10
指数 K_k 的权重值	W_k	不考虑权重的影响，所有知识指数均取 1
实施阶段的知识增量系数	θ	如果没有特别说明，取 0.1
实施阶段的知识吸收能力系数	β	为了减少仿真的复杂性，假设转移的知识被全部吸收，吸收能力系数取值为 1
创新阶段的知识增量	δ	如果没有特别说明，取 0.1

3.2.3.2 仿真结果分析

利用 Matlab7.1 软件进行知识协同模型的仿真，具体仿真结果如下。

1. 各创新主体知识水平变化分析

通过 Matlab7.1 软件仿真可以看到创新网络内各个创新主体的知识水平指数变化情况，如图 3-7 所示。

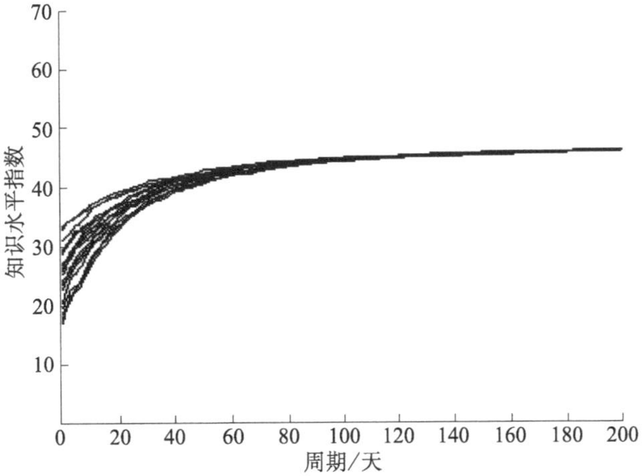

图 3-7 不同创新主体的知识水平增长分析图

从图 3-7 可以看到，创新网络内各个知识主体不断吸收新知识，进行知识的整合，使得各创新主体的知识水平在整个知识协同的前期具有增长趋势。随着时间的推移，各主体知识增长逐渐变缓，最后趋于停滞。要打破这种均衡状态，需要对知识的内容进行重新学习，寻求新的知识领域。

2. 知识协同中知识势差分析

在产学研协同创新网络知识转移的过程中，不同的创新主体进行知识转移的知识领域是相同的，所以只考虑知识势差。知识势差为不同创新主体在知识领域 k 知识水平指数的标准差，公式如下：

$$D(t)_k = \sqrt{\frac{\sum_{i=1}^{m}\left[K(t)_k^i - \overline{K(t)_k}\right]^2}{m-1}}, k = 1,2,\cdots,n \tag{3-5}$$

式中，m 为创新主体的个数；$D(t)$ 为经过 t 个知识转移周期后第 k 项知识领域的知识势差；$K(t)_k^i$ 表示第 i 个创新主体在第 t 期第 k 项知识指数的数值；$\overline{K(t)_k}$ 为经过 t 个知识转移周期后 m 个创新主体 k 知识领域知识水平指数的平均值。

在知识协同的过程中，知识实施阶段的知识势差变化如图 3-8 所示。在实施阶段随着时间的推移，知识的势差迅速下降，最后下降到最低点时，就不再存在知识的势差，知识的增长也就停滞了，知识转移对知识增长的作用逐渐消失，当知识势差极小时，知识转移过程就结束了。图 3-8 是实施阶段的知识转移，没有考虑知识的创新活动。

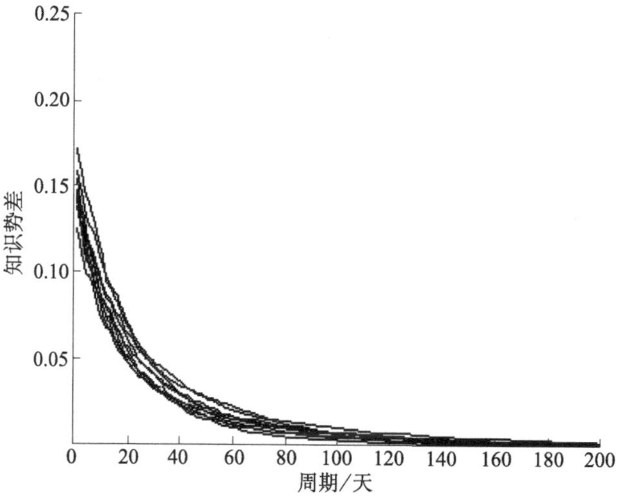

图 3-8　知识协同中创新主体知识势差变化图

知识协同过程的终止阶段存在着知识的创新活动，知识创新阶段的知识势差变化如图 3-9 所示。从图 3-8 和图 3-9 中可以看出，创新使得主体的知识水平指数明显加快，两个主体之间的知识势差减少，因此，有创新时各个创新主体的知识势差比较快地降到最低点，当知识创新活动停止时，整个创新网络知识存量的增长也趋于停滞。所以，创新主体之间的知识势差是进行知识转移活动的内在动力。

为了更好地观察知识协同创新活动的发生概率，我们对知识增量的变化进行了调整。当知识存量低时，不能进行创新活动，但是当知识存量接近 1 时，由于本知识领域的知识趋于完善，也不利于创新活动发生，只有当知识存量达到一定的区间，创新活动才容易发生。对公式（3-4）进行调整，将 δ 作为知识创新增量系数，然后利用函数进行调整，具体如下：

$$K(t+1)_k = K(t)_k + \delta[4K(t)_k(1-K(t)_k)] \tag{3-6}$$

改进后创新阶段的知识势差变化如图 3-10 所示。从图 3-9 和图 3-10 比较可以看出，终止阶段的创新活动在某一个区域最容易发生，这个区域的各个知识主体的知识势差快速下降，当下降到最低点时，知识势差为 0，创新活动停滞。

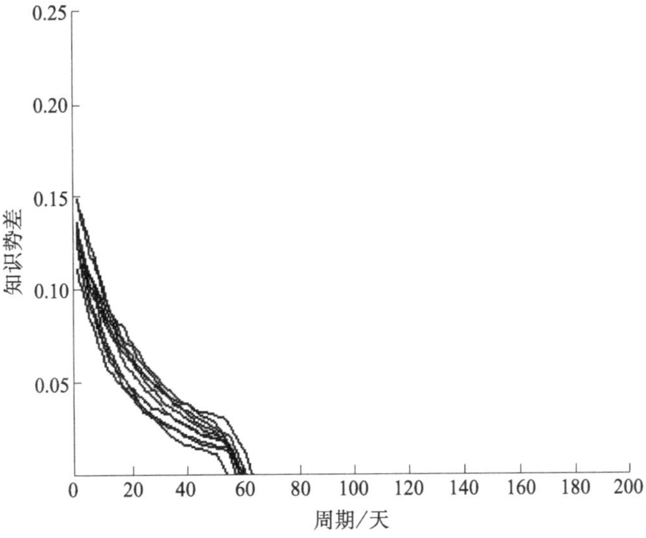

图 3-9　知识转移对知识势差的影响示意图

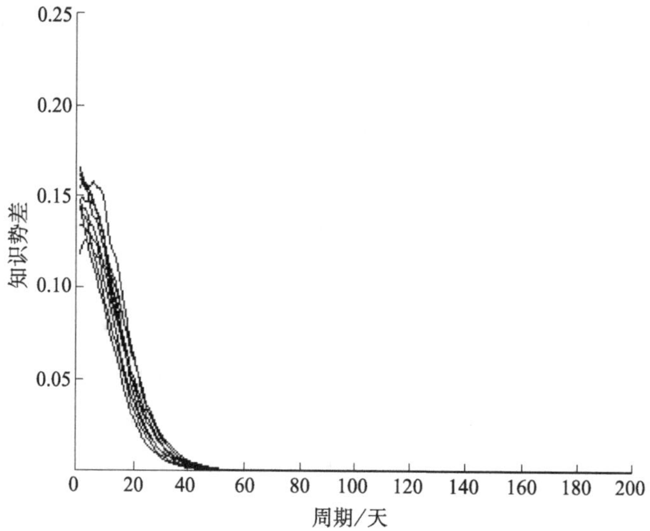

图 3-10 知识转移改变对知识势差的影响示意图

3. 初始知识水平对知识转移的影响

为了更好地观察创新网络中创新主体不同的初始值及知识势差对知识转移的影响，选取不同的初始知识水平指数进行仿真。假设知识主体的知识水平指数位于 [0，0.5]、[0.1，0.4] 和 [0.2，0.3] 区间，知识水平增长情况仿真结果如图 3-11 所示。

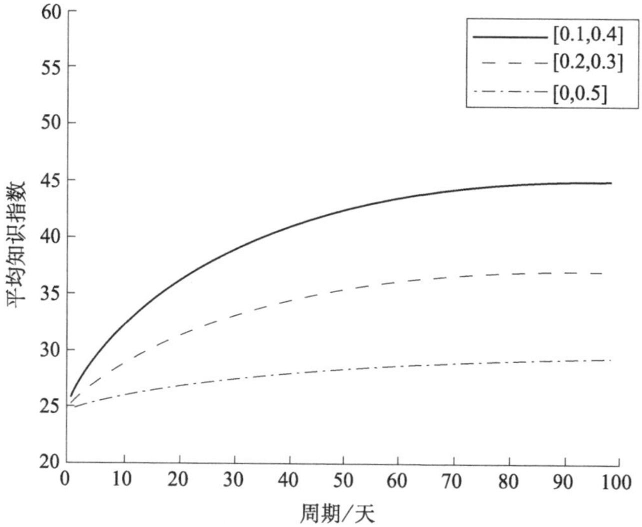

图 3-11 不同初始水平对知识转移的影响示意图

从图 3-11 中可以看出，知识势差大可以更好地促进知识的转移，知识存量大也有利于知识的转移。知识势差大有利于提高知识水平指数，所以知识势差是进行知识转移的内在动力。

4. 不同的初始知识势差创新主体知识水平的演变

将初始创新主体群分为优势群体和弱势群体。优势创新主体选取 10 个，其初始知识指数位于 [0.3，0.6] 区间，弱势创新主体选取 10 个，其初始知识指数位于 [0，0.4] 区间。模拟结果如图 3-12 所示。

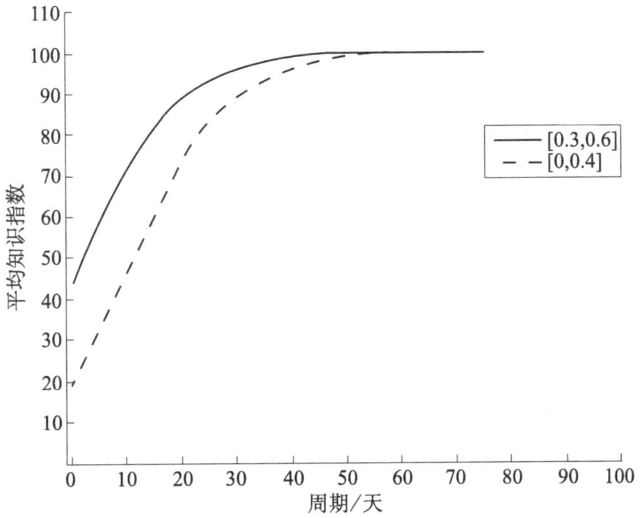

图 3-12 不同初始水平优势对知识转移的影响示意图

从图 3-12 中可以看出，知识优势一旦形成，一般可以保持很长一段时间。弱势群体通过知识的转移也不能迅速改变与优势主体之间的知识水平差异。在有创新活动的情况下，弱势主体的知识水平会快速增长。随着时间的推移，两个群体之间的知识优势距离在不断地减小，直到双方达到 1 为止。

3.3 高校科技成果转化知识增值影响因素分析

高校科技成果转化知识增值的影响因素有很多，各位学者从不同的角度进行了广泛的研究。本书从系统的角度，根据这些因素的作用，把这些因素分为动力性因素和障碍性因素来进行研究，以便更好地把握各个因素对科技成果转化知识增值的影响，更好地进行科技成果的转化。

3.3.1 高校科技成果转化知识增值的动力因素分析

3.3.1.1 高校科技成果转化知识增值的内部动因

1. 沟通的需要

高校科技成果能否顺利地实现市场化，这需要经过高校和企业两大组织的共同努力，而这两大组织合作的关键要素是人，因此，为了满足相关人员沟通的需要，高校内部人员、企业内部人员以及高校人员与企业人员之间就不可避免地进行相关知识的学习、转移、共享、整合与创新，进而影响科技成果转化知识的增值。

2. 高校科技成果转化项目本身对知识的需求

高校科技成果的转化不是一朝一夕就能完成的，它是一个复杂的系统过程，受到高校、企业及市场等多方面因素的影响，因此，高校科技成果在转化的过程中对高校、企业及市场所涉及的知识有较大的需求。科技成果在高校主要进行的是小试、中试环节，在这一环节中就不可避免地需要相关的理论知识、关键技术知识及来源于科研专家的隐性知识，从而融合创新出能够进行生产的原理性知识；当科技成果由高校转移到企业进行生产时需要结合现有的工艺知识、制造技术知识、设备知识、成本知识及上阶段产生的原理性知识等整合创新出科技成果转化需要的新型工艺性知识；当科技成果经生产环节进入市场来进行产业化生产时，这就需要产品外观知识、营销人员知识、行业对手知识、原理性知识及工艺性知识等多方融合来达到商业化目标，进而实现知识增值。

3. 利益需求

高校科技成果转化不可避免地会受到利益因素的影响，因此，合理的利益收益会促进高校科技成果在转化过程中相关的主体具有很大的热情和动力来进行知识的转移、共享和创新，从而实现高校科技成果转化知识增值最大化。但是这里讲到的利益并不局限在经济利益，还有因科技成果转化中获得的专利、对专利和成果的拥有权、获得的荣誉及相关自我价值的实现等精神利益，这些利益在一定程度上是最大化实现高校科技成果转化知识增值的直接因素。高校作为科技成果的拥有方，在科技成果转化中除了收获对应的经济利益以外，还追求一种实现高校作为主要科研机构的价值和社会影响力、整体学术氛围和水平，从而提高高校的知名度和社会地位，为更好地引进师资力量奠定基础。同时，企业为了降低成本和风险，赢得自身在市场竞争中的先机、企业知名度及取得良好的收益，他们愿意参与到高校科技成果转化中来。因此，在各种相互利益驱动下，作为科技成果转化中最主要的两大组织为了实现自身价值和需求的最大化，在一定程度上会加强知识转移、共享、整合及创新，从而提高高校科技成果转化知识增值。

4. 自我价值实现的需要

在高校科技成果转化的过程中自然而然地存在着一些隐性知识的传承和转移，为了保证所需的隐性知识能够在科技成果转化过程中顺利地转移和共享，以提高高校科技成果转化知识增值，这就需要满足隐性知识个体的归属感、受尊重程度及自身价值实现。不管是高校的科研人员，还是企业的生产人员，他们都具有一定的隐性知识量，为了受到组织其他成员的尊重，提高其自身在组织中的威望，在科技成果转化过程中实现其自身价值，高校科研人员和企业生产人员往往会增加他们进行知识转移和接受知识的意愿，在科技成果转化中主动共享自己具有的隐性知识，这就在一定程度上促进了高校科技成果转化的实现，实现知识的增值。

3.3.1.2　高校科技成果转化知识增值的外部动因

1. 高校科技成果转化面临的环境变化

高校科技成果转化需要一定的时间周期，在此期间，市场环境、技术环境等都会发生改变。高校和企业的人员为了适应环境的变化，就必须不断提高自身的技术水平和能力，不断进行知识的学习、转移、共享和整合创新。从一定程度上说，环境的变化迫使高校在科技成果转化中实现知识的增值。

2. 高校科技成果转化主体面临的竞争压力

高校科技成果转化主要受到高校、企业及市场三大主体的影响，因此，他们所面临的竞争压力将直接影响科技成果转化知识的转移和增值。对高校而言，相关的科研人员为了能够在竞争的教学环境中占有一席之地，他们会不断努力获取新的知识与企业进行交流，以避免自己与市场脱节，这就保证了高校科技成果转化的实用性。对于企业来说，为了更好地获得市场占有率，满足市场的新型需求，保证在激烈的市场竞争环境中处于不败之地，在对高校科技成果进行转化中会更加具有动力和热情，这就保证了高校科技成果转化知识增值的实现。

3. 市场因素

随着社会的发展和进步，消费者的需求和偏好发生了很大的改变，这就更促使了市场需求和竞争对高校科技成果转化的推动作用。高校科技成果虽然源于高校，但是它们的产生目标是能更好地服务社会和满足需求，在这一过程中企业虽成了主导，但是对成果的转化却不能脱离市场。企业为了在激烈的市场竞争中占据主导地位，提高市场占有率，就不可避免地提高和改善自身的能力，想方设法地与高校科技成果转化其他主体进行知识的转移和交流，以更好地实现高校科技成果的市场化，保证高校科技成果从高校走向市场，实现知识增值的目的。

4. 科技发展因素

科技成果转化顺利实现，离不开科学技术发展的支持。现阶段社会的发展及知识时代的来临，对高校科技成果转化中的原理性知识、技术知识、市场信息等方面提出了更高的要求。仅仅依靠单一的主体或个人来进行高校科技成果转化是不现实的，需要多个主体和个人各司其职，需要高校发挥其科研能力，企业发挥生产能力和市场化能力。依托良好的科学技术和科技现代化知识，高校、企业要充分地进行知识的交流和共享，保证高校科技成果转化中需要的原理性知识、工艺性知识及市场化知识。科技知识的获取，保证了知识的融合和创新，促使了成果顺利转化，实现了知识的增值。

5. 主体知识差异化

由于高校科技成果转化的实质是知识的转移和共享，所以其目标是能够实现知识增值，生产出适合市场化和产业化的产品。为了实现商品产业化，需要原理性、工艺性、市场性、管理性等多种知识的融合，但是由于不同主体所侧重的研究方向和生产技能不同，不同的知识主体存在很大的知识差异，如高校具有科研和原理性知识优势，企业具有工艺性、市场性知识优势，同时同一组织内不同个体的知识量也是不同的。因此，就需要在高校科技成果转化的试验阶段、生产阶段及产业化阶段，高校内部、高校与企业间、企业内部，以及企业与市场之间进行知识转移、共享和整合创新活动，这必然会实现知识的增值。

高校科技成果转化的动力因素如图 3-13 所示。

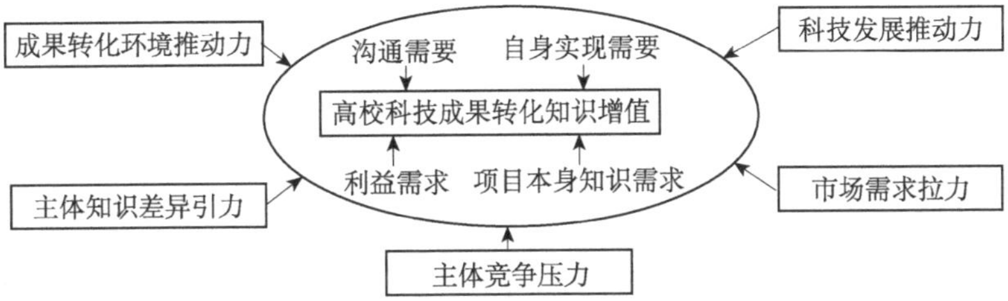

图 3-13 高校科技成果转化知识增值的动力因素示意图

3.3.2 高校科技成果转化知识增值的障碍性因素分析

对于高校科技成果转化知识增值可以分为三个阶段进行分析，即试验（小试、中试）阶段知识增值、生产阶段知识增值和产业化阶段知识增值，这三个阶段知识增值是通过知识的转移、共享、整合及创新等活动实现的。因此，知识增值会受到相关转移主体、转化环境及成果本身的影响。转移主体主要有组织主体和个人主体；转化环境包括高校环境、企业环境及市场环境等。

3.3.2.1 转化主体方面的障碍

从类型上看，高校科技成果转化过程涉及的主体可以分为两类，即组织主体和个人主体。其中，组织主体侧重于组织间的知识转移活动，个人主体侧重于组织内部的知识转移等活动，具体的情况如下。

1. 组织主体间知识转移障碍

对于任何科技成果转化而言，不可避免地有科技成果拥有方和接受方，高校科技成果转化亦是如此。因此，在高校科技成果转化过程中，各主体间的相关利益分配、双方知识和文化距离、拥有方对成果转化的意愿和能力、接受方接受成果转化的意愿和能力对科技成果转化知识增值会产生很大的影响。本书研究默认的转化模式为校企合作模式，因此，高校作为科技成果的持有方，企业作为高校科技成果转化的接受方。当科技成果在高校实验室经过试验阶段之后，会转移到企业中进行生产，直至在市场中实现销售为止。高校科技成果转化包含了三个组织主体的两种缔结关系，即高校与企业合作、企业与市场联结。高校对试验阶段产生的样本模型和原理性知识具有绝对的掌控权，它愿不愿意继续进行后续转化以及在后续转化过程中高校对成果的转移能力，企业对来源高校的样本模型和原理性知识的接受程度与消化吸收程度，以及经企业生产阶段产生的产品样本流通到市场之后产品的市场竞争力、收益率，消费者对该产品的接受程度都会对高校科技成果转化知识增值产生很大的影响，同时高校、企业及市场间的知识距离、文化距离、合作透明度与企业战略要求等构成的转移情境也会对高校科技成果转化知识增值产生阻碍。

2. 个体知识转移、共享障碍

高校科技成果转化各个阶段内部的知识转移、共享、整合和创新活动实际上属于个体间的知识活动，因此，高校科技成果转化知识增值会受到个体间知识活动的影响。关于个体间的知识活动必然会存在知识的拥有方和知识的接受方，要保证个体间知识转移相关活动的顺利进行，需要具备如下必要条件：第一，知识的拥有方必须具有进行知识转移相关活动的意愿和能力；第二，知识的接受方必须具备知识转移活动接受的意愿和能力；第三，双方之间的知识活动是会受到相关知识活动情境影响的。

具体来讲，在高校科技成果转化的试验阶段、生产阶段和产业化阶段内部的知识转移、共享及整合等活动是在高校内部、企业内部相关人员之间进行的，因此，高校科技成果转化知识增值会受到各阶段内部人员知识转移意愿、转移能力、知识接受意愿、知识接受能力、转移投入成本、转移双方的竞争与信任程度、相关人员个性情况和知识差距、企业市场推广能力及企业规模化生产能力等的影响。在进行知识转移、共享和整合的活动中涉及的知识存在显性知识和隐性知识之别，在各阶段进行内部相关知识活动的过程中，要考虑到隐性知识拥有和接受双方的心理感受，主要包括：首先，在进行知识转移和共享的过程中，接受方具有一定的原创性嗜好，认为自己的创造要优于拥有方，不愿意接受别人的转移和共享；其次，知识拥有方对自身掌握的隐性知识具有一个极度控制占有的愿望，尤其是具备特殊技巧、技能等的隐性知识拥有者，由于这些隐性知识能够给他们带来好处，因此，他们更不愿意进行转移和共享；最后，在高校科技成果转化过程中，由于知识转移和共享双方之间存在着摩擦，拥有方在进行转移和共享时指手画脚、趾高气扬，接受方态度傲慢、懈怠等互相不理解和不尊重的现象，会对高校科技成果转化知识增值产生阻碍。

3.3.2.2　转化环境造成的障碍

由于高校科技成果转化受到组织环境、转化平台等影响，因此，应从软环境和硬环境两个方面来进行研究。

1. 软环境方面

软环境主要是指组织结构、组织文化、组织战略、组织管理方式、激励机制、考核机制、利润分配机制、科技成果转化体制等。由于我国现有的企业、高校的组织结构一般属于金字塔形，不是矩阵型组织结构，资源传输和共享等比较差，这样的层级结构在某种程度上阻碍了知识的交流和共享。在企业战略方面，现阶段我国企业战略趋于保守，追求稳中求发展，不愿意把很多的精力放在高校科技成果转化上，这就在一定程度上遏制了创新的发展，降低了高校科技成果转化知识的增值；通过对我国企业管理和领导方式的调查研究发现，集权式领导、任务型管理居多，而民主式领导、团队型管理则较少，这就使得企业员工的知识交流和共享较少，只注重自身的任务完成和晋升奖惩等，在一定程度上阻碍了高校科技成果转化知识的增值。同时，单一的激励、考核机制及不公平的利润分配机制都会降低人员的知识转移和共享热情，进而妨碍科技成果的转化。管理机制不健全、管理体制不适应是高校科技成果难以转化的深层次原因。高校科技成果转化的主体是高校和企业，但是政府在科技成果转化中起着非常重要的作用，科技政策、政府引导都将影响科技成果的转化效率。

2. 硬环境方面

高校科技成果转化过程中的硬环境主要包括高校的基础设施、公共基础设施、高校的现代交流工具、企业的生产设备先进性、企业的信息化设施、企业和高校内网、外网的知识含量及校企之间专家讲座交流情况等。在进行高校科技成果转化的过程中，如果没有先进的通信和交流设备、交流场所做支持，就不能保证转化过程中相关成员对所需知识的获取、隐性知识的共享等，这将阻碍高校科技成果转化知识的增值。

3.3.2.3 科技成果自身状况造成的障碍

是否需要对高校科技成果进行转化，是由转化之后产生的产品的价值决定的，同时高校科技成果能否转化、能否实现知识增值还要考虑到其转化的周期长短、在此期间市场需求的变化情况、国家规定的相关政策及转化需要的各项技术水平在现实中能否达到要求等。如果一项高校科技成果在进行转化之后产生的产品不具有价值或使用价值，可以说这项科技成果转化是无效的；如果产生的产品在当今具有一定的价值，但是由于其需要很长的转化时间，等到转化结束市场需求已经发生了很大的变化，产品已经出现了更新换代，此转化是无意义的；如果高校科技成果在转化过程中需要很高的成本，并且将来获得收益不能弥补付出的成本，也不符合国家相关政策的要求，此转化也是无效的；尽管高校科技成果转化之后也许会有一定的价值，但是其转化过程中需要的技术在将来的一段时间内都无法达到，也就是在未来一段时间都不能实现转化，这种转化也是无效的。因此，高校科技成果转化后的产品是否有价值、转化周期、转化需要的技术、转化成本与收益比，以及国家相关规定都会对高校科技成果转化知识增值产生阻碍作用。

3.4 高校科技成果转化知识增值的影响因素仿真研究

我国的科技成果转化兴起于 1979 年，先后经历了三个时期，即孕育期、兴起期及降温期，历经30多年，学者们对高校科技成果转化进行了大量卓有成效的研究。董小艳[70]、王明道等[71]、陈东林等[72]、沈意文[73]、曹明亮[74]等定性化地分析了我国高校科技成果转化的现状，并针对科技成果转化过程中存在的问题提出了若干改进对策。卢章平引入内容分析法对我国高校科技成果转化政策进行了研究，使用UCINET软件对政策做关键词分析，利用NetDraw可视化工具来评价政策的使用情况，找出存在的问题，并从需求供给与转化主体角度提出了相应的改善措施[75]。孟力和陈少雄引入退火神经网络和主成分分析法对我国高校科技成果转化效果进行了定量化评价[76]。同时，白利娟和汪小梅对所构建的评价指标体系进行了综合模糊评价，并对高校科技成果转化提出了改善措施[77]。王珍珍和黄茂兴以动力机制、激励机制、保障机制、传导机制及监督机制等五大机制为基础，研究了福建省高校科技成果转化存在的问题，并针对这些问题提出了改善对策[78]。通过分析国内外关于知识管理和科技成果转化研究现状，可以看出，学者们主要从技术创新、工艺创新、技术学习与企业合作、知识共享与整合、企业知识管理绩效及复杂产品系统创新等方面对知识管理进行了研究，但基于知识管理角度的科技成果转化方面的研究则比较少，且研究深度不够，研究高校科技成果转化知识增值的文献就更少了。因此，本书用知识管理理论研究高校科技成果转化各阶段知识增值影响因素，并用系统动力学软件进行高校科技成果转化知识增值仿真。

3.4.1 高校科技成果转化知识增值影响因素因果关系分析

Yang和Yu把知识管理的流程分为五个阶段，即知识的获得、知识的存储、知识的转化、知识的传播和知识的创新，并描述了它对科技成果转化各阶段的影响[79]。高校科技成果转化知识增值过程实际上就是在试验阶段、生产阶段及产业化阶段的知识增值情况。因此，在分析科技成果转化相关影响因素时，需要从各阶段内部及各阶段之间涉及的相关因素着手。高校科技成果转化中知识增值是源于高校科技成果由高校经试验阶段传入企业进行生产，直到进入市场实现产业化的全过程，随着科技成果的转化，可以实现知识的转移、共享、整合及创新。高校科技成果转化知识增值的影响因素与影响高校科技成果转化过程中知识转移、共享、整合及创新的因素实质上是一致的。

高校科技成果转化可以分为试验（小试、中试）阶段、生产阶段和产业化阶段，由于各阶段知识增值的影响因素不同，下面从不同阶段影响知识增值的因素因果关系进行详细分析。

3.4.1.1 试验阶段知识增值影响因素因果关系分析

高校科技成果转化的试验阶段分为小试和中试，该阶段知识增值是由高校相关人员通过知识转移、共享、整合和创新实现的。这些知识活动会受到自身知识、双方竞争程度、绩效考核多样化、转出方文化知识水平、转出方知识存量、转出方知识发送能力、转移投入成本、知识复杂度、转移知识量、高校基础设施、双方信任程度、转移情境、转移及吸收意愿、吸收方知识存量、吸收方知识吸收能力、高校组织结构等因素影响。这些因素对该阶段知识增值影响如图 3-14 所示。

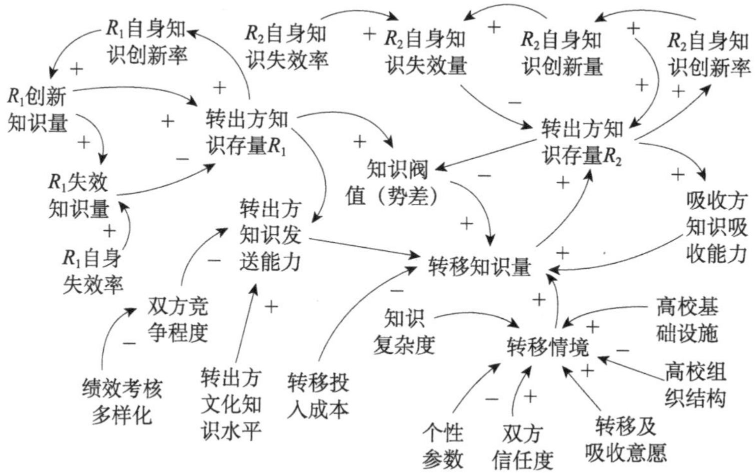

图 3-14 试验阶段知识增值影响因素的因果关系图

知识增值等价于转移后双方知识存量和减去转移前双方知识存量和，转移前转出方知识存量为 r_1，转移前吸收方知识存量为 r_2，公式表示如下：

$$试验阶段知识增值 = (转移后转出方知识存量\ R_1+$$
$$转移后吸收方知识存量\ R_2) - (转移前转出方知识存量\ r_1+$$

$$\text{转移前吸收方知识存量}\ r_2)\tag{3-7}$$

3.4.1.2　生产阶段知识增值影响因素因果关系分析

高校科技成果转化生产阶段知识增值主要有两种表现形式，即高校对企业的知识转移、共享、整合和创新活动，以及企业成员内部的知识转移、共享、整合和创新活动。该阶段的知识增值会受到高校转移及企业接受意愿、高校人才队伍结构、校企合作透明度、企业战略、校企交流平台、转移成本、企业文化、校企知识距离、企业员工绩效考评机制、企业接受意愿和接受能力、企业人才结构、企业组织结构及企业设施先进性等因素影响。这些因素对该阶段知识增值影响如图 3-15 所示。

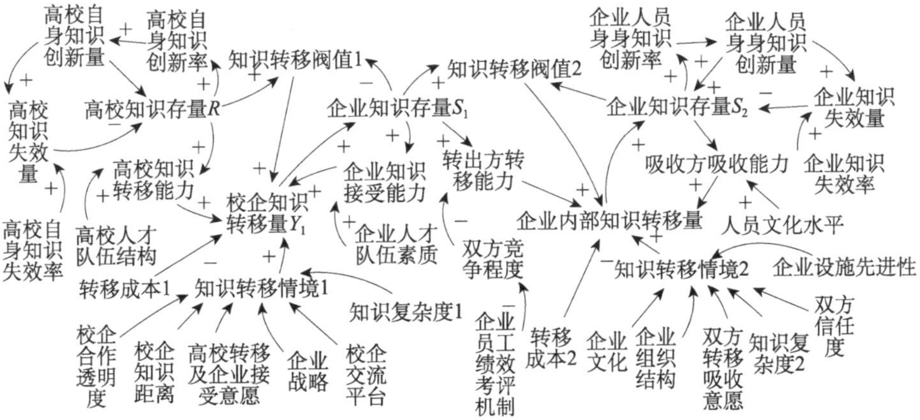

图 3-15　生产阶段知识增值影响因素的因果关系图

生产阶段的知识增值等价于转移完成后各方知识存量和减去转移前各方知识存量和，企业知识存量分为企业知识存量 S_1 和企业知识存量 S_2，由高校转移来的知识存量形成的知识存量为 S_1，企业内部成员间形成的知识存量为 S_2。转移完成前高校知识存量为 r，转移完成前企业的知识存量为 s_1 和 s_2。公式表示如下：

$$\begin{aligned}&\text{生产阶段知识增值}=(\text{转移完成后高校知识存量}\ R+\\&\text{转移完成后企业知识存量}\ S_1+\text{转移完成后企业知识存量}\ S_2)-\\&(\text{转移完成前高校知识存量}\ r+\text{转移完成前企业知识存量}\ s_1+\\&\text{转移完成前企业知识存量}\ s_2)\end{aligned}\tag{3-8}$$

3.4.1.3 产业化阶段知识增值影响因素因果关系分析

高校科技成果转化产业化阶段知识增值主要是经过企业与市场人群进行相关的知识转移、共享及整合活动实现的。这一阶段的知识增值主要受到企业市场推广扩张能力、企业市场人员素质、市场占有率、企业人员收集利用信息能力、政府政策扶持力度、企业规模化生产能力、企业规模化生产投入力度、企业生产设备先进性、产品被接受程度及市场需求等因素的影响，这些因素对该阶段知识增值影响如图 3-16 所示。

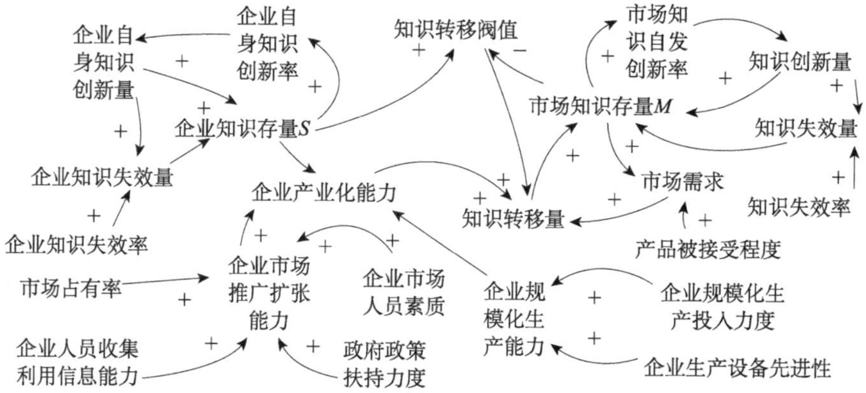

图 3-16 产业化阶段知识增值影响因素的因果关系图

知识增值等价于转移完成后双方知识存量和减去转移前双方知识存量和，转移前企业知识存量为 s，转移前市场知识存量为 m，公式表示如下：

$$\text{市场阶段知识增值} = (\text{转移后企业知识存量 } S + \text{转移后市场知识存量 } M) - (\text{转移前企业知识存量 } s + \text{转移前市场知识存量 } m) \quad (3\text{-}9)$$

3.4.2 高校科技成果转化知识增值影响因素模型构建

3.4.2.1 知识增值流分析

根据前面对高校科技成果转化各阶段知识增值因果关系的分析，可知高校科技成果转化试验阶段、生产阶段及产业化阶段的高校科技成果转化总体的知识增值的存量流量关系，如图 3-17 所示。

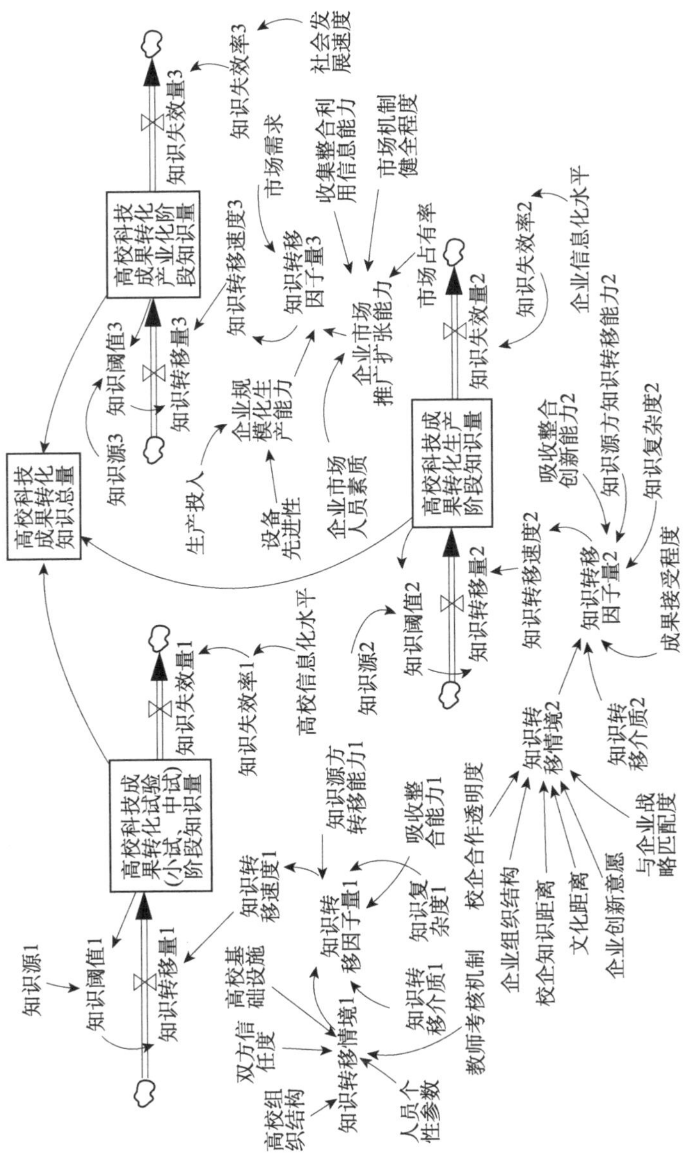

图 3-17　高校科技成果转化知识增值存量流量图

3.4.2.2 模型变量及参数设定

从图 3-17 可以确定出模型所涉及的状态变量、流率变量、辅助变量及常量。

其中，状态变量（L）有4个，即高校科技成果转化知识总量（Y）、试验阶段知识量（Y_1）、生产阶段知识量（Y_2）、产业化阶段知识量（Y_3）；

流率变量（R）有6个，即知识转移量1（R_{Z1}）、知识转移量2（R_{Z2}）、知识转移量3（R_{Z3}）、知识失效量1（R_{S1}）、知识失效量2（R_{S2}）、知识失效量3（R_{S3}）；

辅助变量（A）有16个，即知识阈值1（A_{ZF1}）、知识阈值2（A_{ZF2}）、知识阈值3（A_{ZF3}）、知识转移速度1（A_{KV1}）、知识转移速度2（A_{KV2}）、知识转移速度3（A_{KV3}）、知识转移因子量1（A_{ZYY1}）、知识转移因子量2（A_{ZYY2}）、知识转移因子量3（A_{ZYY3}）、知识转移情境1（A_{ZQJ1}）、知识转移情境2（A_{ZQJ2}）、企业市场推广扩张能力（A_{SKN}）、企业规模化生产能力（A_{QMN}）、知识失效率1（A_{SX1}）、知识失效率2（A_{SX2}）、知识失效率3（A_{SX3}）；

常量（C）有33个，即知识源1（C_1）、知识源2（C_2）、知识源3（C_3）、成果接受程度（C_{CJS}）、人员个性参数（C_{GX}）、高校信息化水平（C_{GXC}）、市场机制健全程度（政府政策扶持程度）（C_{JQC}）、基础设施程度（C_{JS}）、教师考核机制（C_{JSJ}）、企业创新意愿（C_{QCY}）、企业组织结构（C_{QT}）、企业市场人员素质（C_{RS}）、社会发展速度（C_{SHS}）、企业生产投入程度（C_{ST}）、设备先进性（C_{SX}）、市场需求（C_{SXC}）、市场占有率（C_{SZ}）、文化距离（C_{WJ}）、企业信息化水平（C_{XQC}）、校企合作透明度（C_{XQH}）、双方信任度（C_{XR}）、吸收整合能力1（C_{XZN1}）、吸收整合创新能力2（C_{XZN2}）、知识复杂度1（C_{ZFZD1}）、知识复杂度2（C_{ZFZD2}）、校企知识距离（C_{ZJ}）、知识转移介质1（C_{ZJZ1}）、知识转移介质2（C_{ZJZ2}）、收集整合利用信息能力（C_{ZLN}）、与企业战略匹配度（C_{ZPD}）、高校组织结构（C_{ZT}）、知识源方转移能力1（C_{ZYN1}）、知识源方知识转移能力2（C_{ZYN2}）。

3.4.2.3 主要方程设计及说明

为了减少人为因素的主观影响，增强研究的科学性，对高校科技成果转化知识增值存量流量图中常量参数以 2010～2014 年相关指标数据作为模型变量的初始参数，具体常量的计算如表 3-3 所示。

表 3-3　知识增值存量流量图中常量初始参数确定形式表

序号	常量名称	常量含义	初始参数
1	C_1	知识源 1	$X_1+X_2+X_3$
2	C_2	知识源 2	$X_1+X_2+X_4$
3	C_3	知识源 3	$X_1+X_2+X_5$
4	C_{CJS}	成果接受程度	X_5/X_4
5	C_{GX}	人员个性参数	0.16
6	C_{GXC}	高校信息化水平	X_{17}/X_{16}
7	C_{JQC}	市场机制健全程度（政府政策扶持程度）	0.3
8	C_{JS}	基础设施程度	X_{16}/X_{13}
9	C_{JSJ}	教师考核机制	0.2
10	C_{QCY}	企业创新意愿	0.15
11	C_{QT}	企业组织结构	0.1
12	C_{RS}	企业市场人员素质	X_{19}/X_{18}
13	C_{SHS}	社会发展速度	0.125
14	C_{ST}	企业生产投入程度	$[(X_{22}+X_{24})/X_{21}]\times(X_{19}/X_{18})$
15	C_{SX}	设备先进性	$10\times(X_{26}+X_{27}+X_{28}+X_{29})/X_{21}$
16	C_{SXC}	市场需求	X_{21}/X_{20}
17	C_{SZ}	市场占有率	X_{21}/X_{35}
18	C_{WJ}	文化距离	0.16
19	C_{XQC}	企业信息化水平	X_{33}/X_{32}
20	C_{XQH}	校企合作透明度	$(X_{12}/X_{10})+(X_{25}/X_{24})$
21	C_{XR}	双方信任度	X_{11}/X_{13}
22	C_{XZN1}	吸收整合能力 1	$(X_7+X_8)/X_6$
23	C_{XZN2}	吸收整合创新能力 2	X_{31}/X_{30}
24	C_{ZFZD1}	知识复杂度 1	X_{14}/X_{15}
25	C_{ZFZD2}	知识复杂度 2	0.45
26	C_{ZJ}	校企知识距离	0.21
27	C_{ZJZ1}	知识转移介质 1	0.3
28	C_{ZJZ2}	知识转移介质 2	0.35
29	C_{ZLN}	收集整合利用信息能力	$(X_{19}/X_{18})+(X_{31}/X_{30})$
30	C_{ZPD}	与企业战略匹配度	0.15
31	C_{ZT}	高校组织结构	0.15
32	C_{ZYN1}	知识源方转移能力 1	$(X_7+X_8+X_9)/X_6+(X_{17}/X_{16})$
33	C_{ZYN2}	知识源方知识转移能力 2	$[(X_7+X_8+X_9)/X_6\times(X_{12}/X_{10}+X_{25}/X_{24})]+X_{31}/X_{30}$

表 3-3 中参数的含义如表 3-4 所示。

表 3-4 表 3-3 中参数的含义

序号	参 数	参数代表的含义
1	X_1	发表科技论文数
2	X_2	出版科技著作数
3	X_3	专利申请数
4	X_4	专利有效数
5	X_5	专利授权数
6	X_6	高校投入 R&D 人员数
7	X_7	高校投入 R&D 博士学历人员数
8	X_8	高校投入 R&D 硕士学历人员数
9	X_9	高校投入 R&D 本科学历人员数
10	X_{10}	高校 R&D 经费外部支出
11	X_{11}	高校 R&D 经费内部交流支出
12	X_{12}	高校 R&D 经费与企业交流支出
13	X_{13}	高校 R&D 经费内部支出
14	X_{14}	高校 R&D 经费基础研究支出
15	X_{15}	高校 R&D 经费试验研究支出
16	X_{16}	高校 R&D 经费资产性支出
17	X_{17}	高校 R&D 经费信息化设备支出
18	X_{18}	企业科技从业人员数
19	X_{19}	企业科技中级职称以上人员数
20	X_{20}	企业科技主营业务收入
21	X_{21}	科技成果转化产品收入
22	X_{22}	企业 R&D 经费内部支出
23	X_{23}	企业 R&D 经费信息化设备支出
24	X_{24}	企业 R&D 经费外部支出
25	X_{25}	企业 R&D 经费与高校交流支出
26	X_{26}	企业规模生产引进国外技术支出
27	X_{27}	企业引进技术的消化吸收经费支出
28	X_{28}	规模企业引进国外技术经费支出
29	X_{29}	企业规模生产原技术改造支出
30	X_{30}	企业研发生产人员数
31	X_{31}	企业具有硕士及以上学历人员数
32	X_{32}	企业基础设施资产价值
33	X_{33}	企业现代设备资产价值
34	X_{34}	全国科技产品销售收入
35	X_{35}	地区生产总值

3.4.2.4 模型方程构建

根据上面的分析，该模型有 4 个状态变量、6 个流率变量、16 个辅助变量及 33 个常量，从而构建出 4 个状态变量方程式、6 个流率变量方程式及 16 个辅助变量方程式，如表 3-5 所示。

表 3-5 知识增值的系统动力学仿真模型变量方程

变量类型	变量方程式
状态变量（L）	$Y=Y_1+Y_2+Y_3$
	Y_1=INTEG(R_{Z1}-R_{S1}, Initial_ $Y_{1(0)}$)
	Y_2=INTEG(R_{Z2}-R_{S2}, Initial_ $Y_{2(0)}$)
	Y_3=INTEG(R_{Z3}-R_{S3}, Initial_ $Y_{3(0)}$)
流率变量（R）	$R_{Z1}=A_{KV1}\times A_{ZF1}$
	$R_{Z2}=A_{KV2}\times A_{ZF2}$
	$R_{Z3}=A_{KV3}\times A_{ZF3}$
	$R_{S1}=M\times A_{SX1}$
	$R_{S2}=M\times A_{SX2}$
	$R_{S3}=M\times A_{SX3}$
辅助变量（A）	$A_{ZF1}=C_1-Y_1$
	$A_{ZF2}=C_2-Y_2$
	$A_{ZF3}=C_3-Y_3$
	A_{KV1}=tab1[SMOOTH(A_{ZYY1}，1)]
	A_{KV2}=tab1[SMOOTH(A_{ZYY2}，1)]
	A_{KV3}=tab1[SMOOTH(A_{ZYY3}，1)]
	$A_{ZYY1}=A_{ZQJ1}+C_{ZJZ1}+C_{ZFZD1}+C_{ZYN1}+C_{XZN1}$
	$A_{ZYY2}=A_{ZQJ2}+C_{ZJZ2}+C_{ZFZD2}+C_{ZYN2}+C_{XZN2}+C_{CJS}$
	$A_{ZYY3}=A_{SKN}+A_{QMN}+C_{SXC}$
	$A_{ZQJ1}=C_{JS}+C_{JSJ}+C_{ZT}+C_{GX}+C_{XR}$
	$A_{ZQJ2}=C_{XQH}+C_{QT}+C_{ZJ}+C_{WJ}+C_{QCY}+C_{ZPD}$
	$A_{SKN}=C_{RS}+C_{SZ}+C_{JQC}+C_{ZLN}$
	$A_{QMN}=C_{ST}+C_{SX}$
	$A_{SX1}=1-C_{GXC}$
	$A_{SX2}=1-(1-C_{GXC})\times(1-C_{XQC})$
	$A_{SX3}=1-C_{SHS}$

3.4.3 高校科技成果转化知识增值模拟仿真

本书设定模拟仿真的时间为 50 个月，设定模型的时间步幅为 0.125，为了使所模拟出的曲线更加清晰，本书把高校科技成果转化知识增值三阶段中的知识源 1、知识源 2、知识源 3 都相应地缩放了 150 倍，并且根据上文构建的高校科技成果转化知识增值的系统动力学仿真模型及 2010～2014 年山东省高校科技成果转化指标值表。首先分别计算出2010～2014年相关变量参数；然后再进行加权求平均，把确定出的每个变量参数的平均值作为相应变量的初始值，对于不能定量化的指标采用了专家打分法，相应定性变量初始参数的确定也采用不同专家对该变量的打分求取平均值，从而模拟出初始值状态下高校科技成果转化试验阶段、生产阶段及产业化阶段的知识增值变化的模拟曲线。使用Vensim软件进行仿真模拟，在仿真的过程中，设定各阶段初始知识存量及整体过程初始知识存量为0，因此，各阶段及整体过程知识总量的变化情况就是知识增值的情况，如图3-18所示。

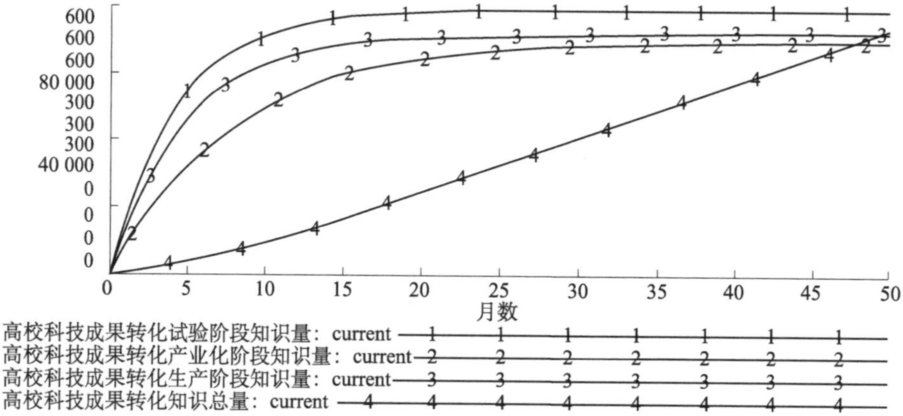

图3-18　初始状态知识增值变化曲线

从图3-18可以看出，高校科技成果转化不同阶段知识增值的效率是不同的，知识增值效率由高到低依次是试验阶段、生产阶段和产业化阶段，并且第20个月、第25个月、第30个月达到稳定状态，即知识增值达到最优。从高校科技成果转化整体过程来看，在前45个月内知识一直处于增值状态，临近第50个月才达到稳定状态。由此可见，高校科技成果转化知识增值是否达到最优，不能仅从单一阶段考虑，需要协同好不同阶段的关系，保证各阶段的知识增值达到最优，以实现整体转化过程的最优。

3.4.3.1　试验阶段各因素对知识增值影响分析

高校科技成果转化试验阶段中相关因素变化对该阶段知识增值及对整体过程知识增值的影响，具体情况如下。

（1）知识转移情境1发生改变对试验阶段及整体过程的知识增值产生的

变化，如图 3-19 所示。其中，current、run1、run2、run3 分别表示知识转移情境 1 保持初始状态，以及知识转移情境 1 提升 40%、知识转移情境 1 提升 60%、知识转移情境 1 降低 40% 的状态。

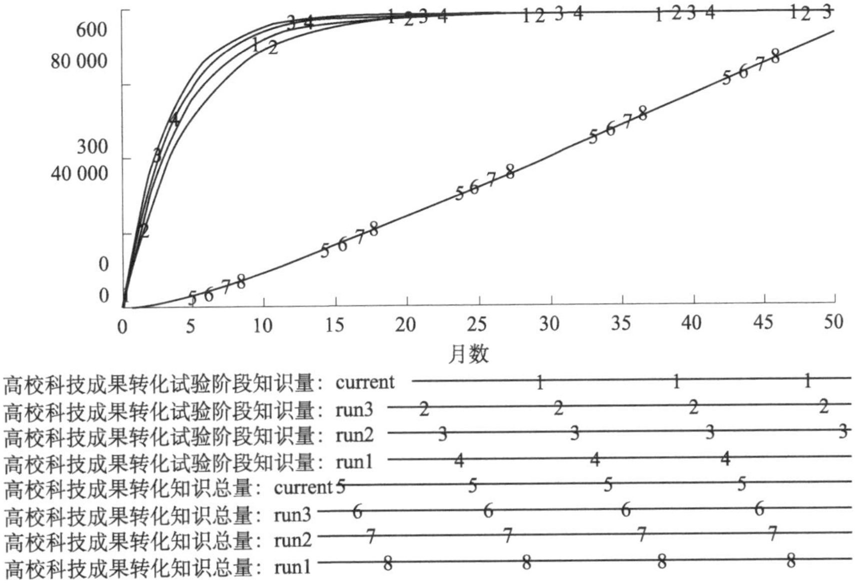

图 3-19　知识转移情境 1 变化引起试验阶段及整体过程知识增值变化的模拟曲线

从图 3-19 可以看出，提升转移情境对高校科技成果转化试验阶段知识增值具有很好的促进作用，可以通过提升知识增值的速率，保证高校科技成果在该阶段更快地达到稳定状态，并且提升的程度越高，达到最优转化稳定状态时间越短，而降低转移情境则会降低知识增值的速率，延长达到最优转化稳定状态的时间。

（2）知识转移介质 1 发生改变对试验阶段及整体过程的知识增值产生的变化，如图 3-20 所示。其中，current、run1、run2、run3 分别表示知识转移介质 1 保持初始状态，以及知识转移介质 1 提升 40%、知识转移介质 1 提升 60%、知识转移介质 1 降低 40% 的状态。

从图 3-20 可以看出，知识转移介质 1 的降低和提高对高校科技成果转化试验阶段及整体过程知识增值的影响程度并不大。

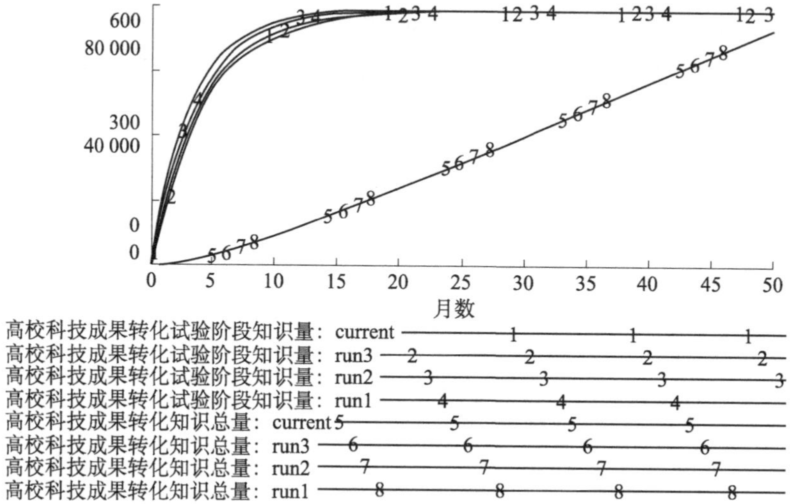

图 3-20　知识转移介质 1 变化引起试验阶段及整体过程知识增值变化的模拟曲线

（3）知识复杂度 1 发生改变对试验阶段及整体过程的知识增值产生的变化，如图 3-21 所示。其中，current、run1、run2、run3 分别表示知识复杂度 1 保持初始状态，以及知识复杂度 1 提升 40%、知识复杂度 1 提升 60%、知识复杂度 1 降低 40% 的状态。

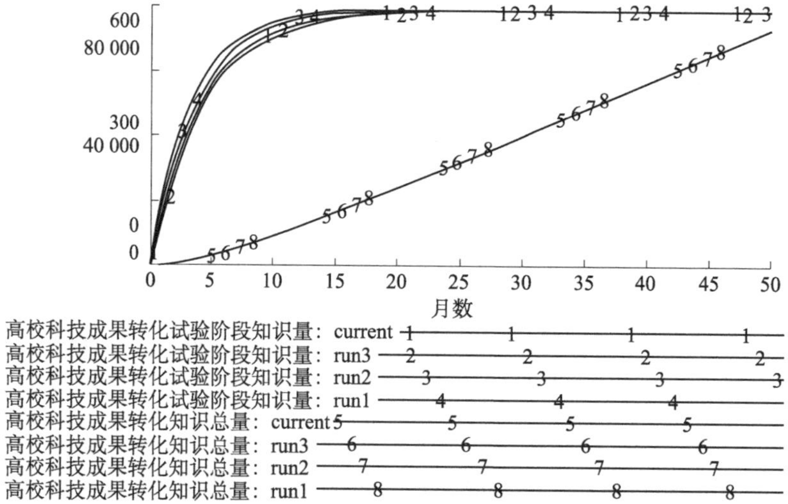

图 3-21　知识复杂度 1 变化引起试验阶段及整体过程知识增值变化的模拟曲线

从图 3-21 可以看出，知识复杂度 1（显性知识 / 隐形知识）的提高对高校科技成果转化试验阶段的知识增值有很大的促进作用，提升的幅度越大，即隐性知识与显性知识的比值越小，知识增值的效果和速度越明显，达到稳定转化状态的时间也就越短；当提高了隐性知识与显性知识的比值，则会提高知识增值的难度，降低增值速率，使得达到增值稳态的时间延长。但从总体知识增值看，知识复杂度 1 对总体知识增值的影响却比较小。因此，提高高校科技成果中显性知识的比重有助于科技成果在试验阶段的快速转化。

（4）知识源方转移能力 1 发生改变对试验阶段及整体过程的知识增值产生的变化，如图 3-22 所示。其中，current、run1、run2、run3 分别表示知识源方转移能力 1 保持初始状态，以及知识源方转移能力 1 提升 40%、知识源方转移能力 1 提升 60%、知识源方转移能力 1 降低 40% 的状态。

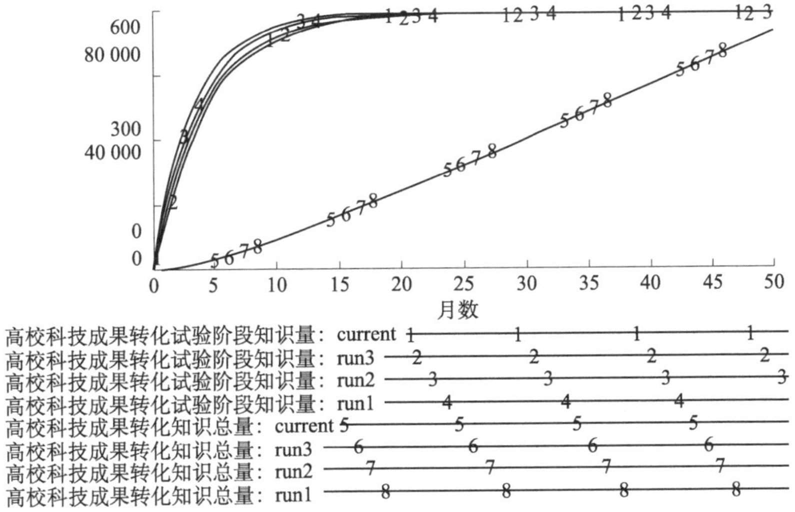

图 3-22　知识源方转移能力 1 变化引起试验阶段及整体过程知识增值变化的模拟曲线

（5）吸收整合能力 1 发生改变对试验阶段及整体过程的知识增值产生的变化，如图 3-23 所示。其中，current、run1、run2、run3 分别表示吸收整合能力 1 保持初始状态，以及吸收整合能力 1 提升 40%、吸收整合能力 1 提升 60%、吸收整合能力 1 降低 40% 的状态。

从图 3-22 和图 3-23 可以看出，知识源方转移能力 1 和吸收方知识整合能力 1 的提升会使得试验阶段的知识增值速率提高，降低知识增值达到最优稳定状态的时间，若降低这两种能力则会延长知识增值达到稳定状态的时间，不利于高校科技成果在试验阶段的转化，阻碍知识增值的效率。从上述 5 个模拟图可以看出，在高校科技成果转化试验阶段，相关变量的提升对试验阶段知识增值有促进作用，仅仅依靠单一因素的提高或降低并不能对成果转化全过程的知识增值产生明显的影响。

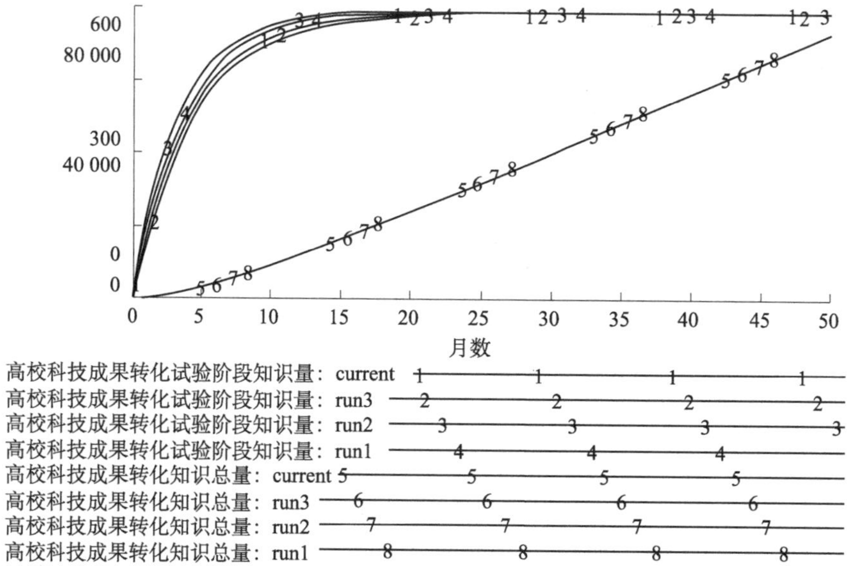

图 3-23　知识整合能力 1 变化引起试验阶段及整体过程知识增值变化的模拟曲线

（6）多因素对试验阶段知识增值的影响。为了确定出高校科技成果转化试验阶段知识增值影响因素的影响程度大小，取高校科技成果转化试验阶段内部不同因素提高相同比例，然后观察该阶段知识增值变化情况，如图 3-24 所示。其中，current 表示知识转移情境 1、知识转移介质 1、知识复杂度 1、吸收整合能力 1 及知识源方转移能力 1 的初始参数；run1 表示知识转移情境 1 提高 40%，其他因素仍维持初始参数值的状态；run2 表示知识转移介质 1 提高 40%，其他因素仍维持初始参数值的状态；run3 表示知识复杂度 1 提高 40%，其他因素仍维持初始参数值的状态；run4 表示吸收整合能力 1 提高 40%，其他因素仍维持初始参数值的状态；run5 表示知识源方转移能力 1 提高 40%，其他因素仍维持初始参数值的状态。

从图 3-24 可以看出，在各相关因素分别提升 40% 的情况下，会对高校科技成果转化试验阶段及整体过程的知识增值情况产生不同程度的影响，其中知识转移情境 1 引起的变化最明显，其余因素虽然引起了知识增值变化，但是变化程度没有那么明显。从图 3-24 中仍然可以看出，吸收整合能力 1 影响程度大于知识源方转移能力 1，大于知识复杂度 1，大于知识转移介质 1。因此，高校科技成果转化试验阶段知识增值的影响因素对该阶段及整体过程知识增值的影响程度由大到小依次为：知识转移情境 1、吸收整合能力 1、知识源方转移能力 1、知识复杂度 1 和知识转移介质 1。

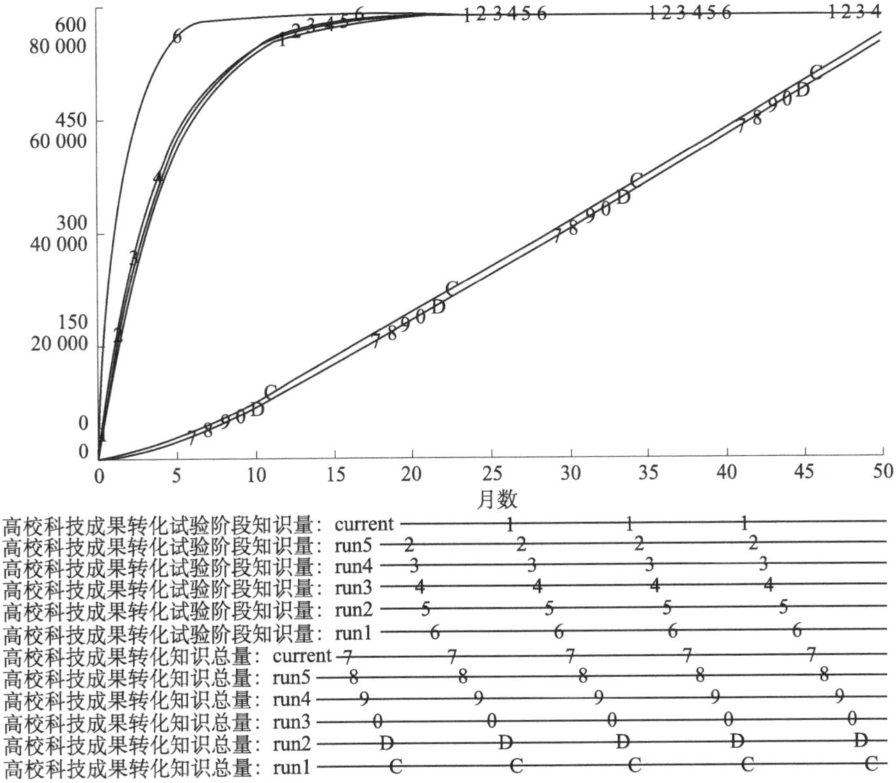

图 3-24 高校科技成果转化试验阶段知识增值影响因素变化模拟曲线

3.4.3.2 生产阶段各因素对知识增值影响分析

高校科技成果转化生产阶段中相关因素变化对该阶段知识增值及整体过程知识增值的影响情况如下。

（1）知识转移情境 2 发生改变对生产阶段及整体过程的知识增值产生的变化，如图 3-25 所示。其中，current、run1、run2、run3 分别表示知识转移情境 2 保持初始状态，以及知识转移情境 2 提升 40%、知识转移情境 2 提升 60%、知识转移情境 2 降低 40% 的状态。

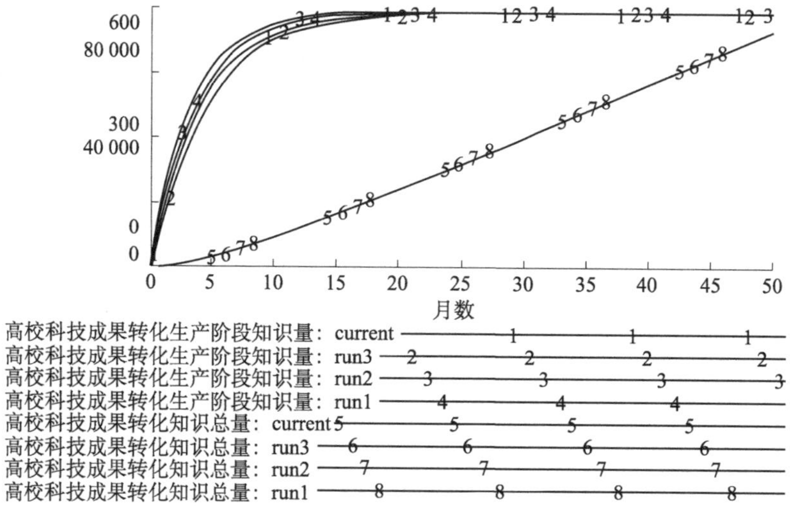

图 3-25　知识转移情境 2 变化引起生产阶段及整体过程知识增值变化的模拟曲线

从图 3-25 可以看出，知识转移情境 2 提升对高校科技成果转化生产阶段知识增值有促进作用，并且其提升的程度越大对生产阶段知识增值的促进作用越大，更能缩短生产阶段知识增值达到稳定状态的时间，否则起抑制作用，降低知识增值效率，延长达到稳态的时间，但是它的提升或降低对高校科技成果转化整体过程的知识增值影响情况并不明显。

（2）知识转移介质 2 发生改变对生产阶段及整体过程的知识增值产生的变化，如图 3-26 所示。其中，current、run1、run2、run3 分别表示知识转移

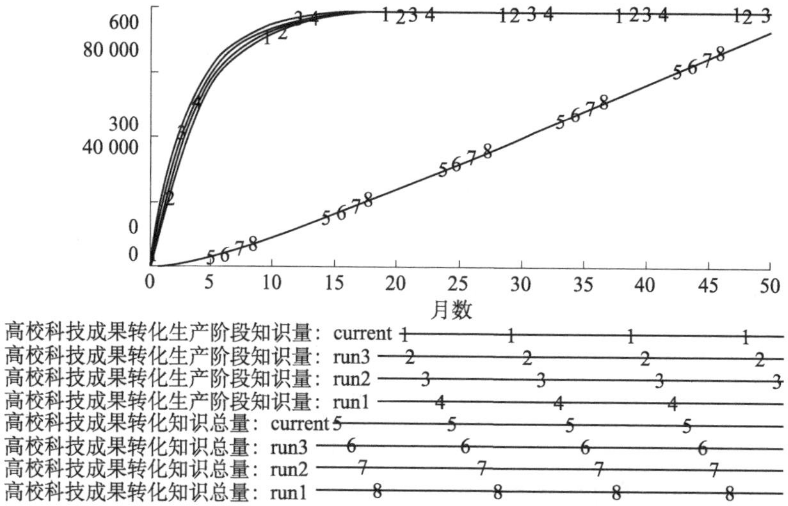

图 3-26　知识转移介质 2 变化引起生产阶段及整体过程知识增值变化的模拟曲线

介质 2 保持初始状态，以及知识转移介质 2 提升 40%、知识转移介质 2 提升 60%、知识转移介质 2 降低 40% 的状态。

从图 3-26 可以看出，知识转移介质 2 提升对生产阶段知识增值有影响，但是影响程度明显低于提升相同幅度的知识转移情境 2 的响应程度。

（3）知识复杂度 2 发生改变对生产阶段及整体过程的知识增值产生的变化，如图 3-27 所示。其中，current、run1、run2、run3 分别表示知识复杂度 2 保持初始状态，以及知识复杂度 2 提升 40%、知识复杂度 2 提升 60%、知识复杂度 2 降低 40% 的状态。

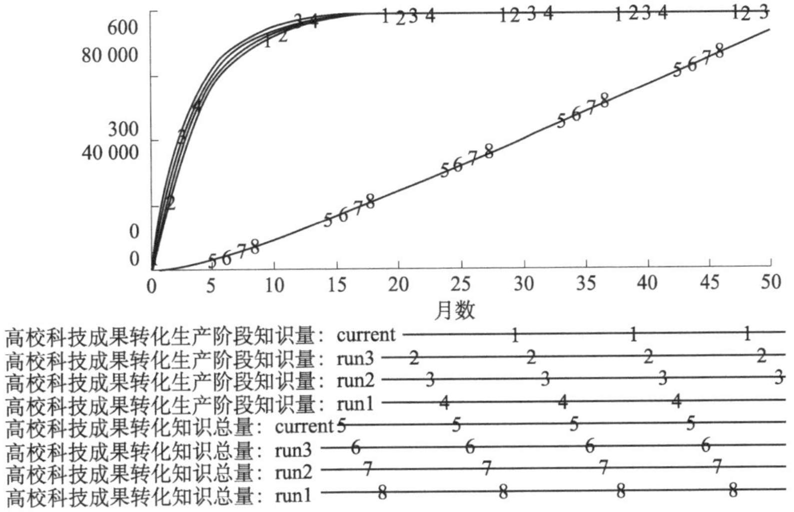

图 3-27　知识复杂度 2 改变引起生产阶段及整体过程知识增值变化的模拟曲线

从图 3-27 可以看出，知识复杂度 2 对生产阶段知识增值有影响，当知识复杂度 2 即显性知识与隐性知识的比值提高时，该阶段的知识增值效率明显提高，达到稳定状态的时间变短，而当显性知识与隐性知识的比值降低时，会降低知识增值的效率，延长知识增值达到稳定状态的时间，但是不管知识复杂度 2 提升还是降低对转化整体过程知识增值的影响程度都不明显。

（4）知识转移能力 2 发生改变对生产阶段及整体过程的知识增值产生的变化，如图 3-28 所示。其中，current、run1、run2、run3 分别表示知识转移能力 2 保持初始状态，以及知识转移能力 2 提升 40%、知识转移能力 2 提升 60%、知识转移能力 2 降低 40% 的状态。

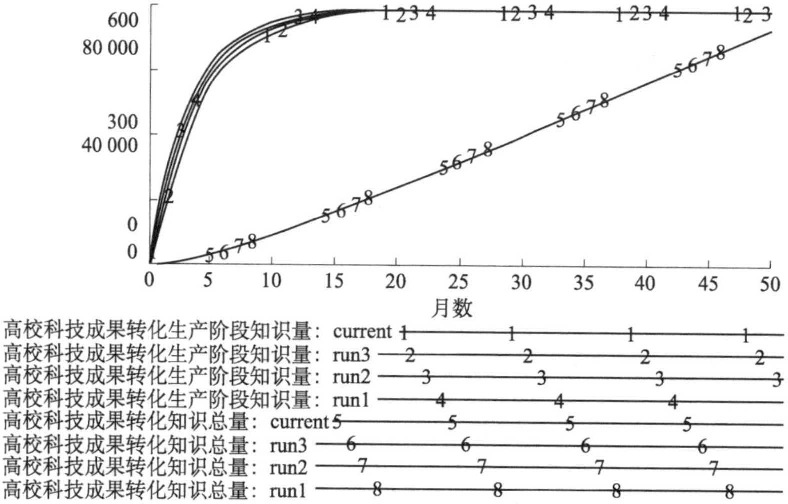

图 3-28 知识转移能力 2 改变引起生产阶段及整体过程知识增值变化的模拟曲线

（5）吸收整合创新能力 2 发生改变对生产阶段及整体过程的知识增值产生的变化，如图 3-29 所示。其中，current、run1、run2、run3 分别表示吸收整合创新能力 2 保持初始状态，以及吸收整合创新能力 2 提升 40%、吸收整合创新能力 2 提升 60%、吸收整合创新能力 2 降低 40% 的状态。

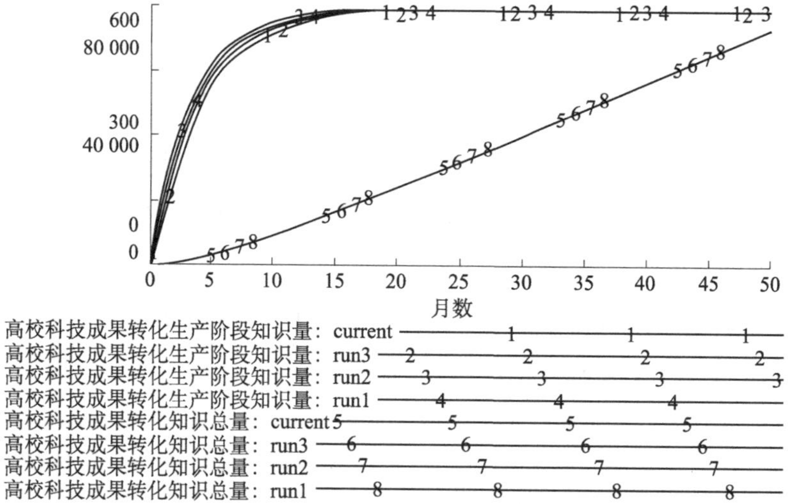

图 3-29 知识吸收整合能力 2 变化引起生产阶段及整体过程知识增值变化的模拟曲线

（6）成果接受程度发生改变对生产阶段及整体过程的知识增长产生的变化，如图 3-30 所示。其中，current、run1、run2、run3 分别表示成果接受程度保持初始状态，以及成果接受程度提升 40%、成果接受程度提升 60%、成果接受程度降低 40% 的状态。

由图 3-28～图 3-30 三个模拟曲线图可以得出，知识转移能力 2、吸收整合创新能力 2 及成果接受程度的提升都能够提高该阶段知识增值的速率，缩短知识增值达到稳态的时间，降低时都会延长该阶段知识增值达到稳定状态的时间；提升或降低的幅度越大，知识增值达到稳定状态的时间越短或长；同时，不论知识转移能力 2、知识吸收整合能力 2 及成果接受程度提升或降低对科技成果转化整体过程知识增值的影响程度都不明显。

由图 3-25～图 3-30 六个模拟图中可以得出，高校科技成果转化生产阶段内部单一相关因素程度的提升或降低都会对该阶段知识增值情况产生变化，但是对高校科技成果转化整体过程知识增值产生的影响程度并不明显，这说明了高校科技成果转化总过程知识增值是受多种因素协同作用影响的，单一因素的变化并不能引起总过程知识增值的大幅度改变。

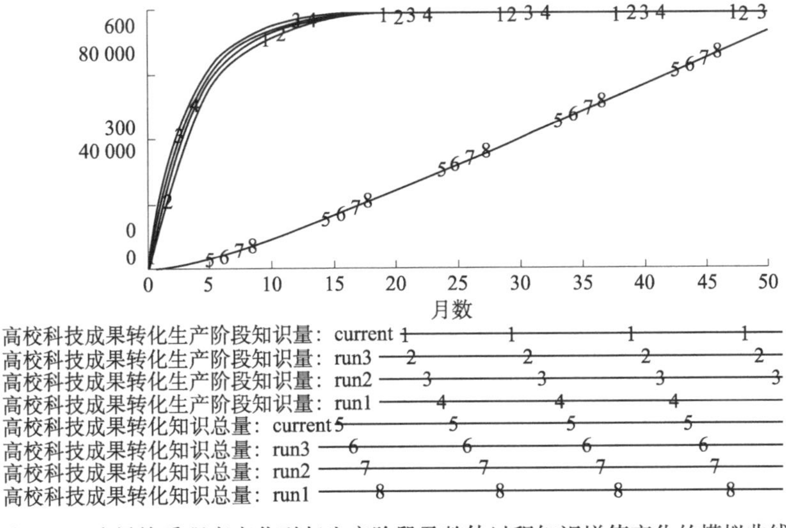

图 3-30 成果接受程度变化引起生产阶段及整体过程知识增值变化的模拟曲线

（7）多因素对生产阶段知识增值的影响。为了确定出高校科技成果转化生产阶段知识增值影响因素的影响程度大小，取高校科技成果转化生产阶段内部不同因素提高相同比例，然后观察该阶段知识增值变化情况，如图 3-31 所示。其中，current 表示知识转移情境 2、知识转移介质 2、成果接受程度、知识复杂度 2、知识转移能力 2 及吸收整合创新能力 2 保持初始参数的状态；run1 表示知识转移情境 2 提高 40%，其他因素仍维持初始参数值的状态；run2 表示知识转移介质 2 提高 40%，其他因素仍维持初始参数值的状态；run3 表示成果接受程度提高 40%，其他因素仍维持初始参数值的状态；run4 表示知识复杂度 2（显性知识 / 隐形知识）提高 40%，其他因素仍维持初始参数值的状态；run5 表示知识转移能力 2 提高 40%，其他因素仍维持初始参数值的状态；run6 表示吸收整合创新能力 2 提高 40%，其他因素仍维持初始参数值的状态。

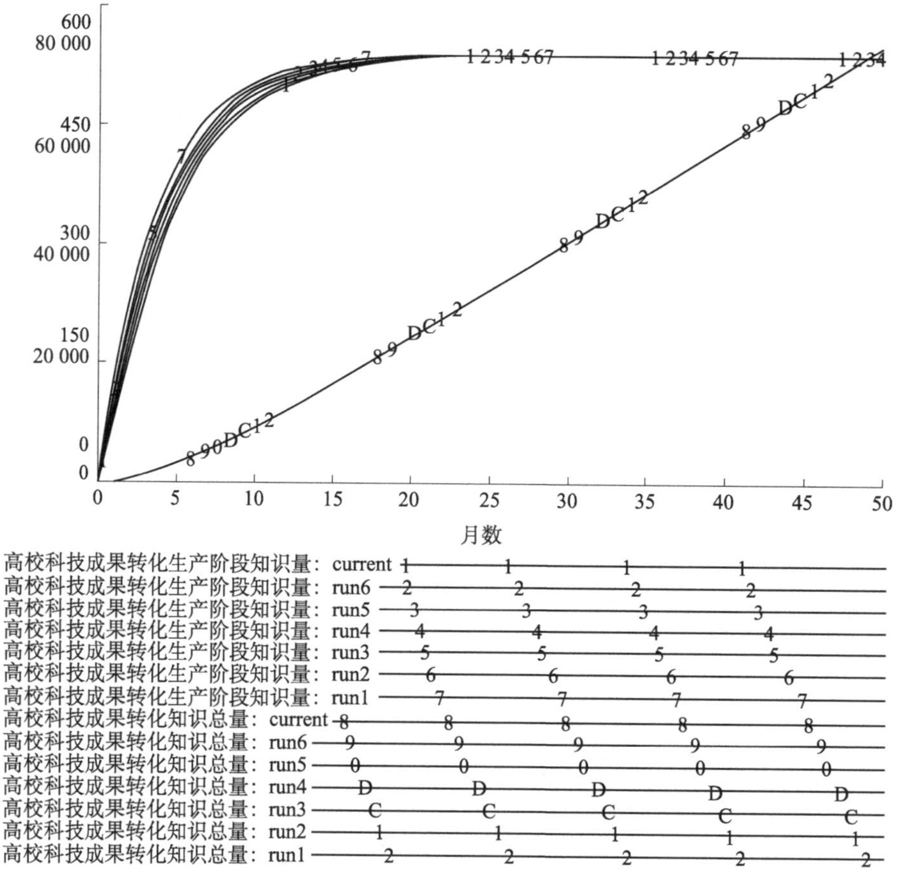

图 3-31 高校科技成果转化生产阶段知识增值影响因素的影响程度大小模拟图

由图 3-31 可以看出，高校科技成果转化生产阶段内部单一因素的变化会引起该阶段知识增值的变化，但是对科技成果转化整体过程知识增值的影响程度并不明显，因此，可以看出生产阶段内部单一因素并不能决定着高校科技成果转化总过程知识增值的变化，仅主宰着所处阶段的知识增值情况，并且这些因素对该阶段知识增值的影响程度由大到小依次为知识转移情境 2、吸收整合创新能力 2、知识转移能力 2、成果接受程度、知识复杂度 2、知识转移介质 2。

3.4.3.3　产业化阶段各因素对知识增值影响分析

高校科技成果转化产业化阶段中相关因素变化对该阶段知识增值及整体过程知识增值的影响情况如下。

（1）企业规模化生产能力发生改变对产业化阶段及整体过程的知识增值产生的变化，如图 3-32 所示。其中，current、run1、run2、run3 分别表示企业规模化生产能力保持初始状态，以及提升 40%、提升 60%、降低 40% 的状态。

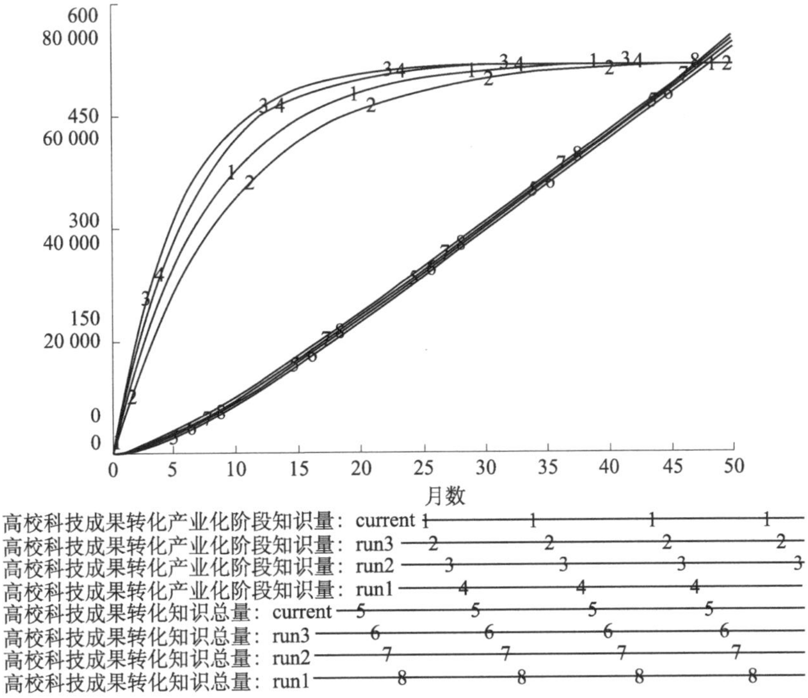

图 3-32　企业规模化生产能力改变引起产业化阶段及整体过程知识增值变化的模拟曲线

（2）企业市场推广扩张能力发生改变对产业化阶段及整体过程的知识增值产生的变化，如图 3-33 所示。其中，current、run1、run2、run3 分别表示企业市场推广扩张能力保持初始状态，以及提升 40%、提升 60%、降低 40% 的状态。

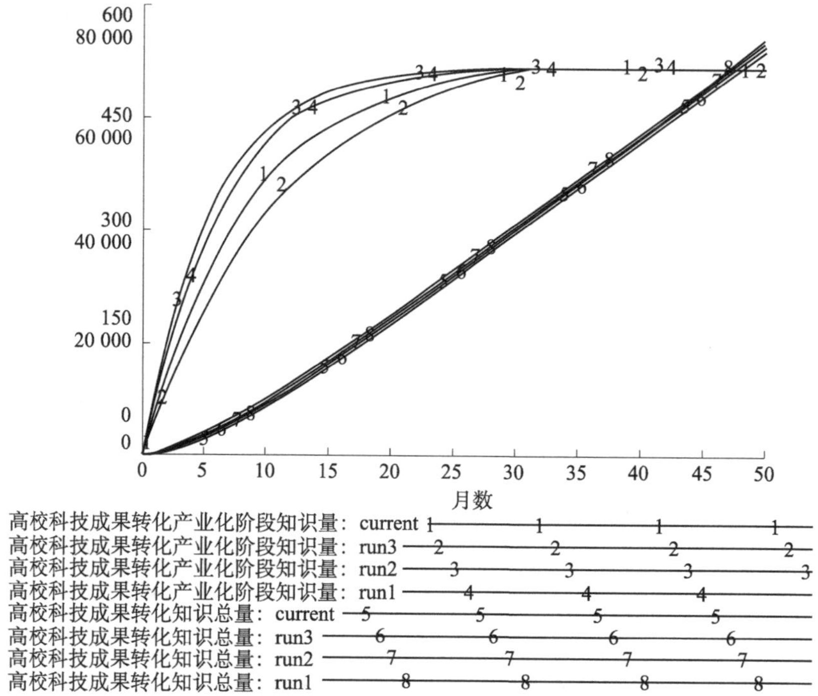

图 3-33　企业市场推广扩张能力改变引起产业化阶段及整体过程知识增值变化的模拟曲线

（3）企业生产投入程度发生改变对产业化阶段及整体过程的知识增值产生的变化，如图 3-34 所示。其中，current、run1、run2、run3 分别表示企业生产投入程度保持初始状态，以及提升 40%、提升 60%、降低 40% 的状态。

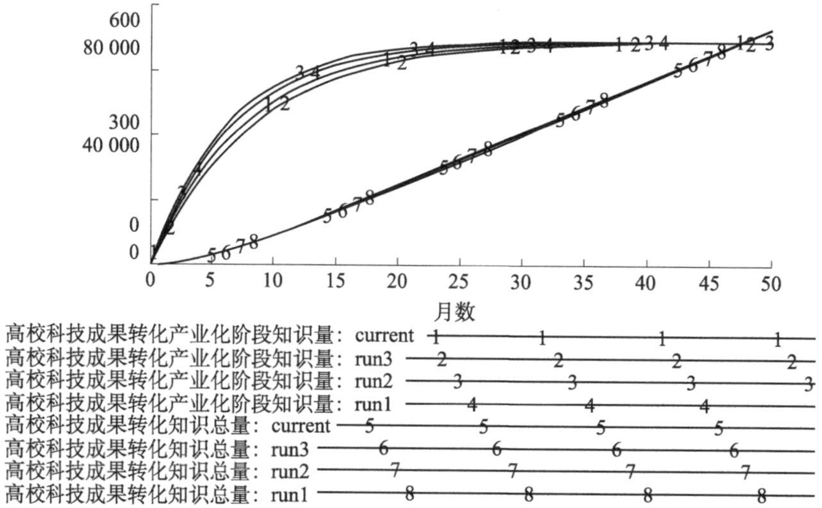

图 3-34　生产投入程度改变引起产业化阶段及整体过程知识增值变化的模拟曲线

（4）设备先进性发生改变对产业化阶段及整体过程的知识增值产生的变化，如图 3-35 所示。其中，current、run1、run2、run3 分别表示设备先进性保持初始状态，以及提升 40%、提升 60%、降低 40% 的状态。

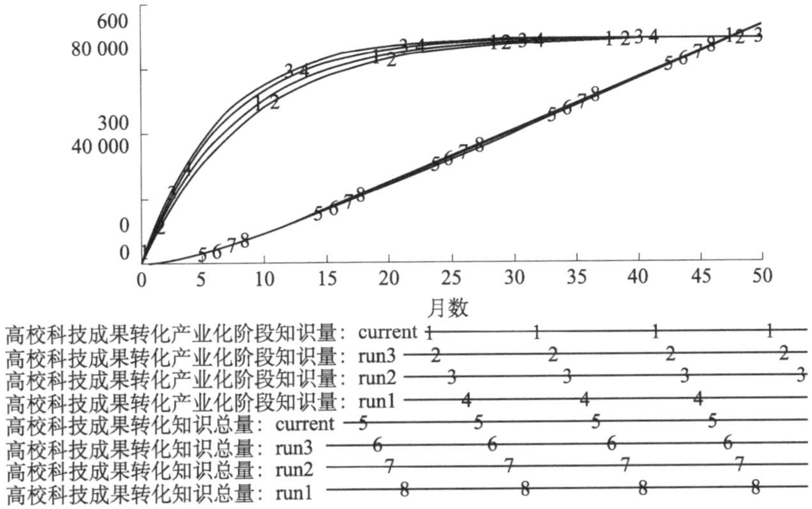

图 3-35　设备先进性改变引起产业化阶段及整体过程知识增值变化的模拟曲线

（5）企业市场人员素质发生改变对产业化阶段及整体过程的知识增值产生的变化，如图 3-36 所示。其中，current、run1、run2、run3 分别表示企业市场人员素质保持初始状态，以及提升 40%、提升 60%、降低 40% 的状态。

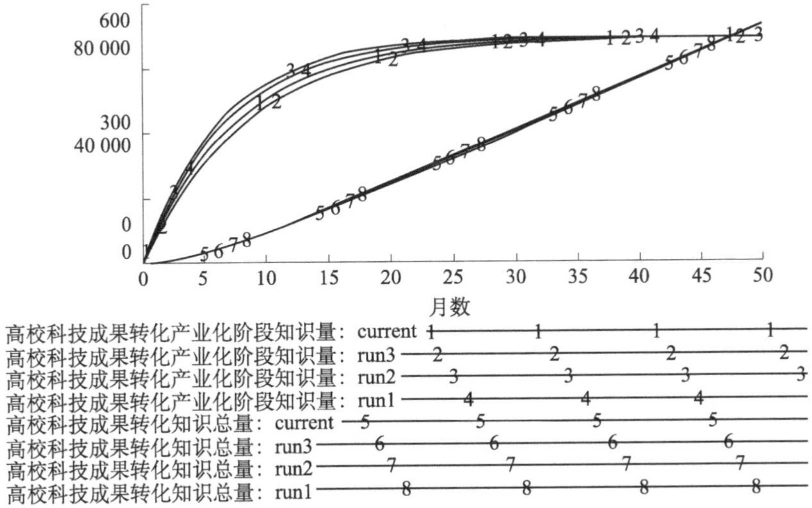

图 3-36　企业市场人员素质改变引起产业化阶段及整体过程知识增值变化的模拟曲线

（6）市场占有率发生改变对产业化阶段及整体过程的知识增长产生的变化，如图 3-37 所示。其中，current、run1、run2、run3 分别表示市场占有率保持初始状态，以及提升 40%、提升 60%、降低 40% 的状态。

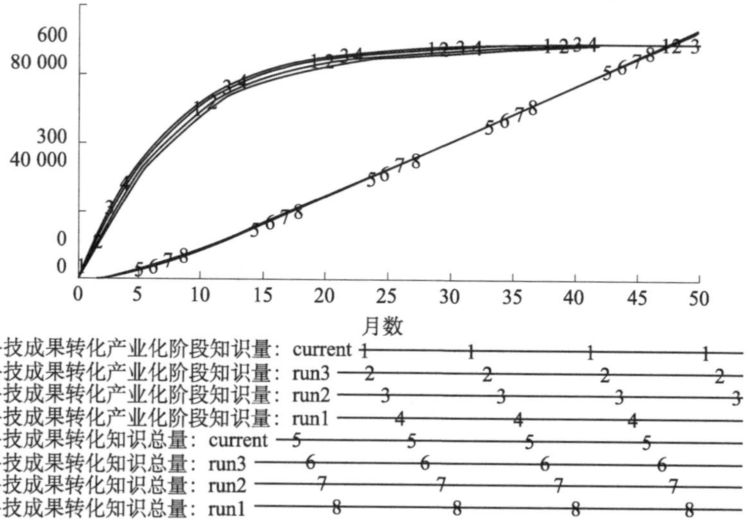

图 3-37 转化新产品的市场占有率改变引起产业化阶段及整体过程知识增值变化的模拟曲线

（7）市场机制健全程度（政府政策扶持程度）发生改变对市场化阶段及整体过程的知识增长产生的变化，如图 3-38 所示。其中，current、run1、run2、run3 分别表示政府政策扶持程度保持初始状态、提升 40%、提升 60%、

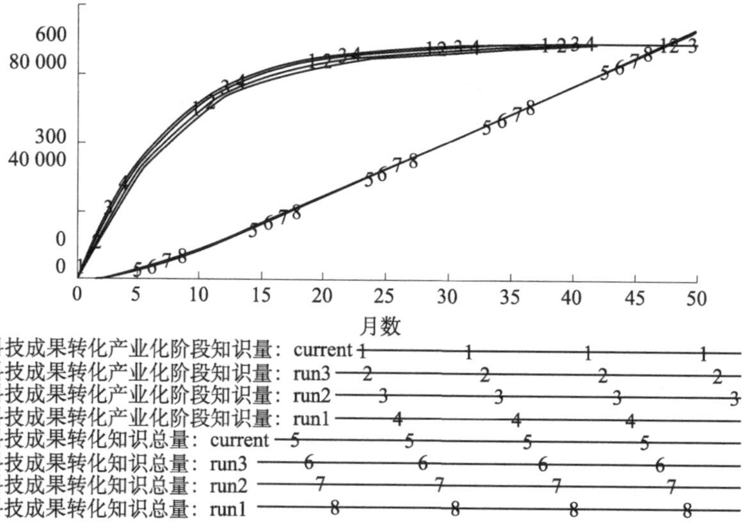

图 3-38 政府政策扶持程度改变引起产业化阶段及整体过程知识增值变化的模拟曲线

降低 40% 的状态。

（8）收集整合利用信息能力发生改变对产业化阶段及整体过程的知识增长产生的变化，如图 3-39 所示。其中，current、run1、run2、run3 分别表示收集整合利用信息能力保持初始状态，以及提升 40%、提升 60%、降低 40% 的状态。

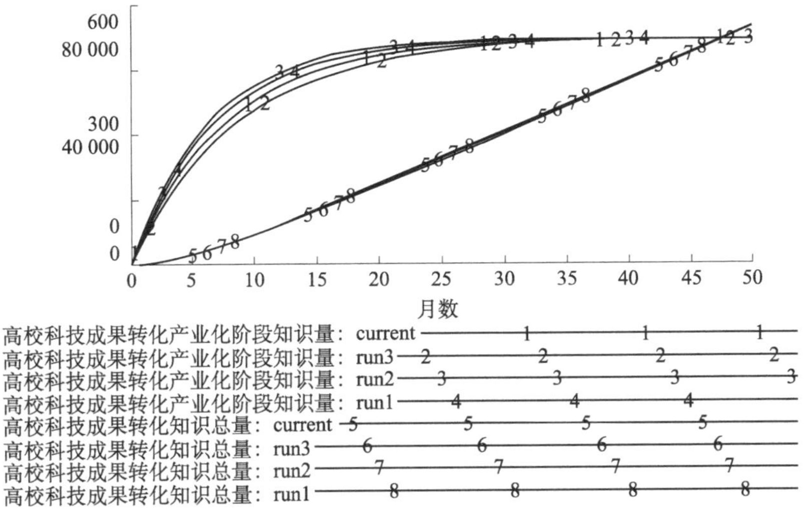

图 3-39　收集整合利用信息能力改变引起产业化阶段及整体过程知识增值变化的模拟曲线

（9）市场需求发生改变对产业化阶段及整体过程的知识增长产生的变化，如图 3-40 所示。其中，current、run1、run2、run3 分别表示市场需求保持初

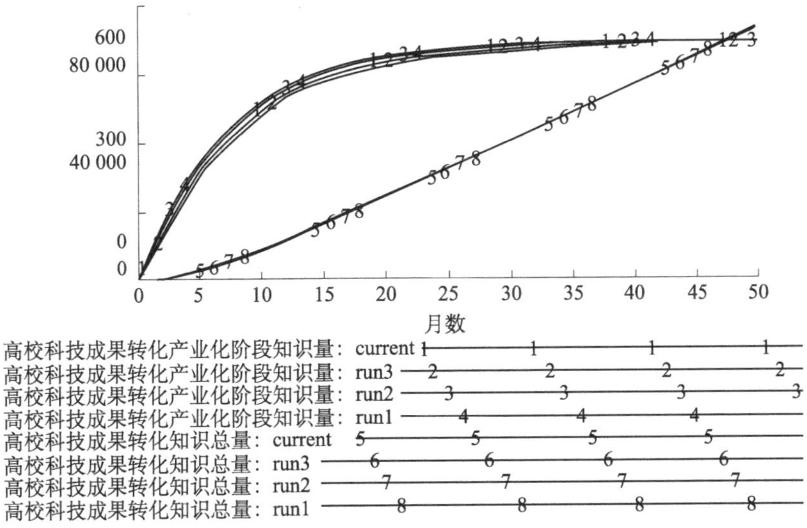

图 3-40　市场需求发生改变引起产业化阶段及整体过程知识增值变化的模拟曲线

始状态，以及提升 40%、提升 60%、降低 40% 的状态。

通过综合分析图 3-32～图 3-40 九个模拟图可以得出，只有企业规模化生产能力及企业市场推广扩张能力改变，才能对高校科技成果转化整体过程知识增值产生显著的影响，其余因素变化虽不能对科技成果转化整体过程知识增值产生显著的变化，但是对产业化阶段知识增值的影响是很明显的；并且当每一单一因素改变相同程度时，其对产业化阶段知识增值影响程度由大到小依次为企业生产投入程度、设备先进性、企业人员收集整合利用信息能力、企业市场人员素质、政府政策扶持力度、市场需求及市场占有率。由此可见，产业化阶段内部单一因素的变化并不能大幅改变转化总过程知识增值情况，只有多种因素协同作用才能引起大的变化，如企业规模化生产能力及企业市场推广扩张能力对转化总过程知识增值的大幅影响程度正是其余六种因素协同作用的结果。

3.4.3.4 不同阶段整体因素对整体过程知识增值影响分析

高校科技成果转化三个阶段整体性的因素变化对高校科技成果转化整体过程知识增值的影响情况如下。

（1）转移因子量对高校科技成果转化整体过程知识增值影响。高校科技成果转化过程三种知识转移因子量分别发生改变时，其对高校科技成果转化整体过程知识增值量的影响情况，如图 3-41 所示。其中，run1 表示知识转移

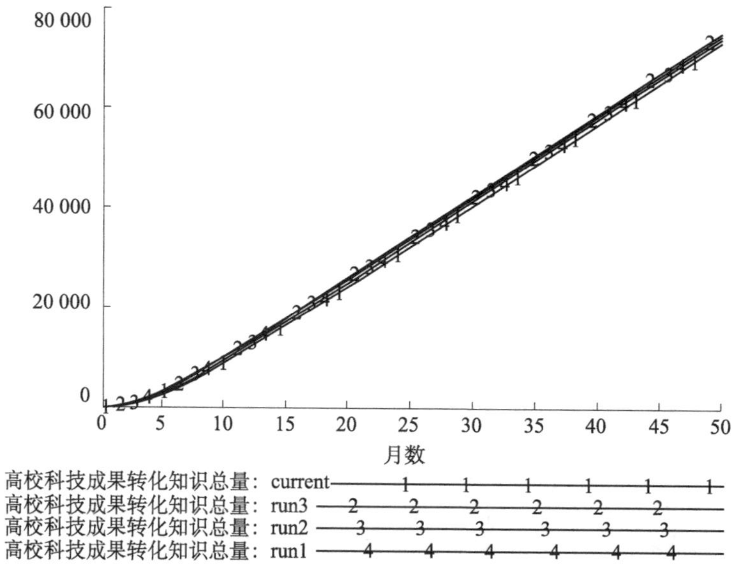

图 3-41　各阶段转移因子量发生改变引起整体过程知识增值变化的模拟曲线

因子量 1 提升 40%，其余知识转移因子量保持不变的状态；run2 表示知识转移因子量 2 提升 40%，其余知识转移因子量保持不变的状态；run3 表示知识转移因子量 3 提升 40%，其余知识转移因子量保持不变的状态。

通过图 3-41 可以得出，在高校科技成果转化各阶段内部因素协同作用形成的三种转移因子量分别提升相同比重的情况下，其对高校科技成果转化知识增值影响程度由大到小依次为转移因子量 3、转移因子量 2、转移因子量 1。

（2）知识转移量对高校科技成果转化整体过程知识增值影响。高校科技成果转化各个阶段中知识转移量分别发生改变时，其对高校科技成果转化整体过程知识增值量的影响情况，如图 3-42 所示。其中，run1 表示知识转移量 1 提升 40% 的状态；run2 表示知识转移量 2 提升 40% 的状态；run3 表示知识转移量 3 提升 40% 的状态；run4 表示知识转移量 1 降低 40% 的状态；run5 表示知识转移量 2 降低 40% 的状态；run6 表示知识转移量 3 降低 40% 的状态。

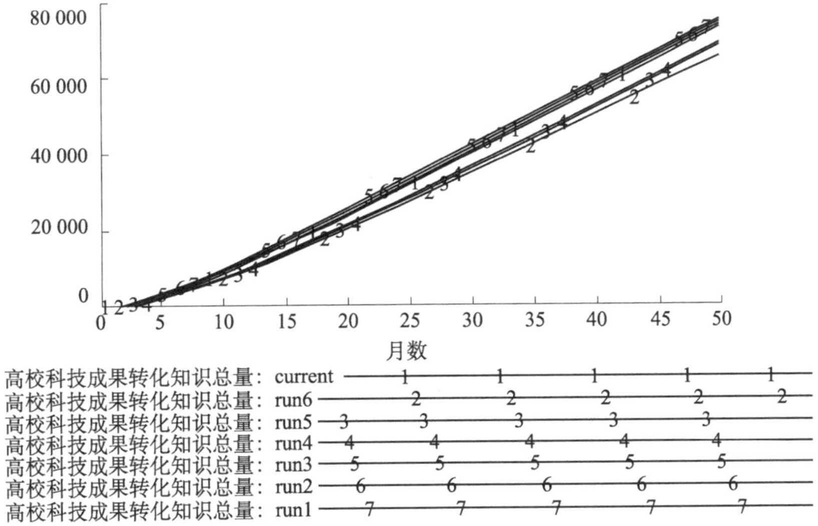

图 3-42　各阶段知识转移量改变引起整体过程知识增值变化的模拟曲线

由图 3-42 可以看出，高校科技成果转化各阶段知识转移量的提升（降低），虽对科技成果转化整体的知识增值有促进（阻碍）作用，但是不同阶段的知识转移量在提升或降低相同程度的情况下，其对转化整体过程知识增值的影响程度是不同的，影响程度由大到小依次为产业化阶段知识转移量、生产化阶段知识转移量、试验阶段知识转移量。

本书整体明晰高校科技成果转化知识增值机理及各相关因素对所处转化阶段和转化整体过程知识增值的影响程度，分析高校科技成果转化知识增值的影响因素，并绘制不同转化阶段知识增值影响因素的因果关系图，综合三个转化阶段知识增值的因果关系，分析出涵盖三个转化阶段的高校科技成果转化整体过程知识增值的存量流量关系，并据此构建出相应的高校科技成果转化知识增值的系统动力学仿真模型。通过模拟仿真结果，分析不同的影响因素在不同的阶段对科技成果转化知识增值的影响程度，对该领域研究有一定的参考价值。

国内外关于高校科技成果转化知识增值的研究太少，没有足够的文献可供参考，以及本书研究的局限性，致使在高校科技成果转化知识增值影响因素分析、知识增值仿真模型某些定性变量初始参数的确定上，存在着一定的局限性，需要将来继续改进和完善。

第 4 章

高校科技成果转化与知识管理耦合机理研究

科技成果转化过程实质是知识的流动过程，科技成果转化过程是与原理知识、生产工艺、实践管理及市场运作等多学科知识流动的耦合过程，是科学技术与国民经济深度契合的关键性和目的性环节。科技成果转化是为了提高现实生产力水平，对有实用价值的科技成果进行的后续试验、开发、应用和推广，直至形成新产品、新工艺、新材料及发展新产业等的过程。

4.1 知识管理框架

知识管理包括知识管理的目标、知识管理的行为和管理的技术与工具等，知识管理的框架如图 4-1 所示。

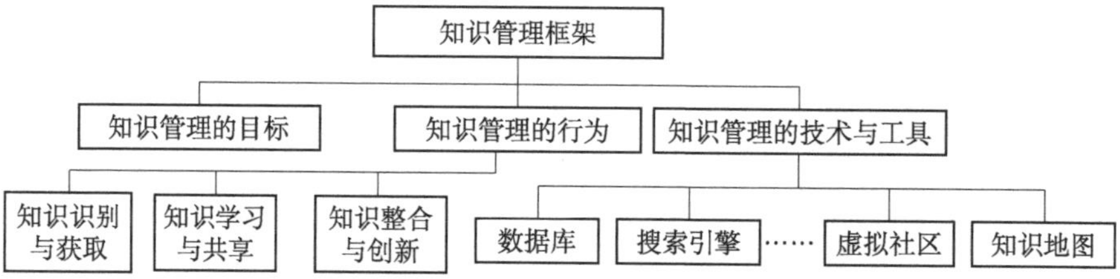

图 4-1 知识管理框架图

4.1.1　知识管理的目标

知识管理的目标是提高组织的竞争力，发挥组织的发展潜力，提高组织创造价值的能力，保证系统中的知识被充分地利用，并提高知识创新能力。知识管理需要确定知识管理的目标，这是知识管理能否成功的关键。

知识管理的目标就是通过知识管理行为，利用知识管理技术和工具对知识进行有效的管理，降低知识培训成本，提高员工的知识水平和工作效率，形成组织文化积淀，增加组织的竞争力，提高客户的满意度，实现组织的战略目标。在进行知识管理时，可以将知识管理方法融入到产品集成开发环境中，即将知识管理技术融入到产品的开发过程中，通过合理运用知识管理机制，在产品的系统研发过程中实现知识资源的有效获取和合理配置，尽力将最恰当的知识在最恰当的时间传递给最恰当的人或工具，以便领导做出正确的决策，知识管理可为领导的决策提供支持，最终实现产品开发与创新，提高组织的竞争力。

4.1.2　知识管理的行为

知识管理的行为是对知识的处理，包括知识识别与获取、知识共享与学习，以及知识整合与创新等。

4.1.2.1　知识识别与获取

如果知识采集、传输和检索的理论和方法不能跟上时代的发展，就会使得知识越来越贫乏。知识的识别与获取是非常困难的行为，尤其是在大数据环境下，面对大量、繁杂的数据，进行知识的识别与获取就更是难上加难。知识识别完后，如何进行知识的标引更为关键。目前的知识识别手段比较单一，识别效果并不好。常用的有主题词、关键字、作者、题名等检索方式，知识的获取仍然是难题，如何快速、准确地获取知识是目前研究的一个难点。大数据环境下，如何快速、准确地获取知识是目前研究的难点和热点。

4.1.2.2　知识共享与学习

知识学习是知识学习者把外部知识通过学习融入到自身知识体系的一个

过程。知识共享是指组织员工或者组织内外部的团队，在组织内或组织间通过多种渠道，交换或讨论知识，目的是通过知识的交流扩大知识的利用价值，并获得综合性知识的过程。知识共享与学习可以增加组织的知识，改善知识在组织内或组织间的分布。但是，我国目前很多的企业都没有建立起适用的知识共享与学习机制。

4.1.2.3 知识整合与创新

知识整合是指采用科学的方法对不同来源、不同层次、不同结构、不同内容的知识进行综合和集成，进行重构，使得单一的知识、零散的知识、新老知识经过整合，形成新的知识体系。知识创新是指在原有知识的基础上，通过知识的学习，从而创造出新知识的过程。经过知识的整合与创新，形成新技术、新工艺、新流程等，有利于企业的技术创新，可以为企业创造更多的利润。

4.1.3 知识管理的技术与工具

要对知识进行有序化的管理，就需要掌握知识管理的技术和工具。随着信息技术的发展，知识管理技术和工具发生了巨大的变化。传统的知识管理手段是面对面交流、知识的传授、共同生活和工作的同化等。基于信息技术的知识管理技术和工具有数据库工具、搜索引擎、数据清洗、数据挖掘、知识地图、虚拟知识社区等。

4.2 知识管理和高校科技成果转化主体耦合互动作用机理

“耦合”是一个物理学概念，两个或两个以上的体系、两种运动形式或者两个以上的子系统之间通过各种相互作用，彼此之间产生影响，以致联合起来的现象就叫作耦合。

4.2.1 高校科技成果转化主体和知识管理耦合互动机理

高校科技成果向生产力转化的知识演化创新系统是一个耗散系统，在成果转化的过程中，科技成果转化系统与知识管理系统之间，以及两个系统的各个要素之间都存在着密切的、内在的本质联系，两个系统之间和系统内部各个要素之间存在非线性的相互作用，这些作用产生新的系统功能，并对系统目标的宏观过程和方式产生协同作用，即耦合。耦合有不同的形式，有强耦合和弱耦合。在软件工程中，根据模块之间的关系，耦合分为简单耦合、数据耦合、控制耦合、公共耦合和内容耦合等，模块的设计强调高内聚、低耦合。

高校科技成果转化系统和知识管理系统之间存在着密切的关系，两个系统之间存在着强耦合关系。两个系统之间存在着大量的知识交流，高校科技成果转化系统与知识管理系统的内部数据有关，使用该模块内部的数据或者控制信息，这种耦合是内容的耦合。内容耦合是一种耦合程度最强的连接关系，极大地增加了系统的复杂性，使得两个系统关系密切，独立性差。

高校科技成果转化的实质是技术或知识的转化，所以，高校科技成果的转化离不开知识。高校科技成果转化成功就意味着企业的产品技术含量或知识的含量会有所增加，产品的经济价值和社会价值会提升，也就是说高校科技成果通过转化将潜在的生产力转化为现实的生产力，提高了产品的价值。高校科技成果转化内部受主体间合作机制、信息传递机制、科技要素流动机制和激励机制等的影响；外部受政府宏观调控机制、市场需求导向机制、风险转移机制、中介沟通机制等的影响；公共技术平台能够实现信息的传递和科技要素的传递。知识管理与高校科技成果转化主体耦合互动作用机理如图 4-2 所示。

4.2.2 高校科技成果转化主体和知识管理耦合体系

从高校科技成果转化系统与知识管理系统耦合的方式来看，高校科技成果转化系统与知识管理系统之间存在着内容的耦合；从两者的耦合程度看，高校科技成果转化系统与知识管理系统之间的耦合形式是强耦合。根据模块的耦合原则，强耦合使得两个系统关系紧密，彼此之间存在着密切的信息交

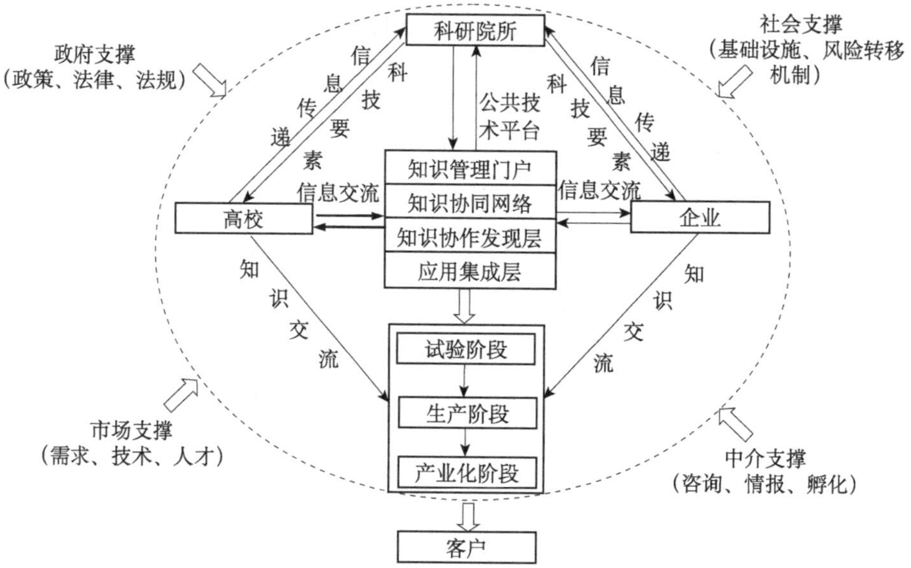

图 4-2 知识管理和高校科技成果转化主体耦合互动作用机理示意图

流，高校科技成果转化系统与知识管理体系之间不断地进行知识交流。两个系统之间通过知识管理平台加以联结，如图 4-3 所示。

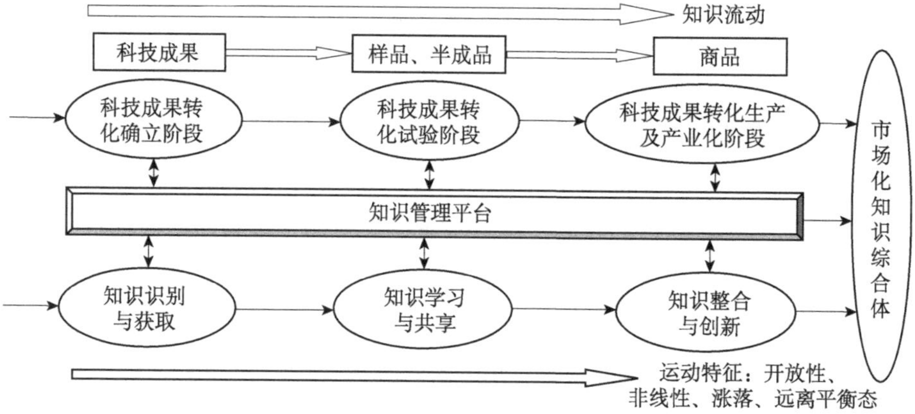

图 4-3 高校科技成果转化和知识管理耦合体系图

⟷ 耦合 ⟶ 转化 ⇒ 演化

从图 4-3 中可以看出，高校科技成果转化根据知识的变化分为三个阶段：科技成果转化确立阶段、科技成果转化试验阶段和科技成果转化生产及产业化阶段。根据知识管理的行为，知识管理系统相应地分为三个阶段：知识识别与获取阶段、知识共享与学习阶段和知识整合与创新阶段。这些阶段通过与知识管理平台耦合形成一个完整的知识耦合体系。该耦合体系中存在三个重要的耦合域：科技成果转化确立阶段和知识识别与获取阶段的耦合、科技成果转化试验阶段和知识共享与学习的耦合，以及科技成果转化生产及产业化阶段和知识整合与创新的耦合。

高校科技成果转化与知识管理的耦合关系主要有三种，在这三种关系的耦合中，显性知识和隐性知识以动态的方式相互融合、相互促进彼此的交流[80]，使得知识融入产品中，形成了高科技产品。

4.2.2.1　科技成果转化确立阶段与知识识别与获取的耦合关系

科技成果转化确立阶段，就是科技成果的选择过程，需要确立哪个科技成果有发展前途，哪个科技成果可以进入生产过程。选择过程是很重要的，选择准确与否直接关系到生产力水平的高低。科技成果的确立阶段是知识识别与获取阶段，是知识链的起始环节，目的是全面了解科技成果，了解科技成果相关领域知识，了解科技成果所包括的技术水平，完成对已有知识的识别、获取和积累，并分析后期开发所需知识目标。在科技成果转化确立阶段和知识识别与获取耦合中，需要分析知识结构、关键知识要素和深度知识开发的目标，这些分析是在契约关系、信任关系的共同作用下，后继者对原有成果的选择。识别信息、获取信息，为科技成果的深层次研究打下了基础，如图4-4所示。

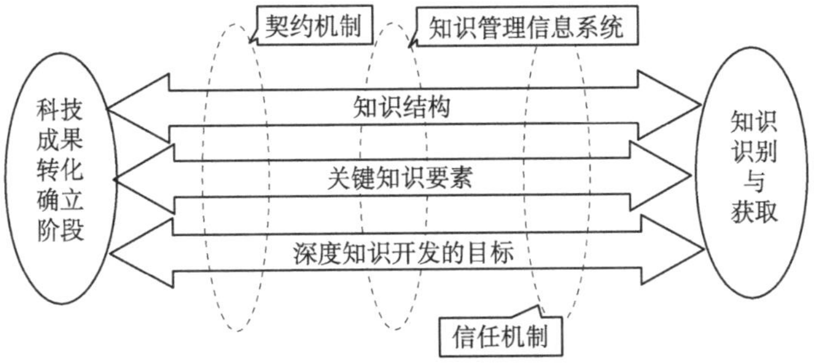

图4-4　科技成果转化确立阶段和知识识别与获取的耦合关系图

在科技成果转化确立阶段，契约与耦合规则是协商谈判的结果，在契约中要明确规定科技成果转化各主体可获得的相关利益，这些是保证科技成果转化的激励要素。信任是在契约和合作的基础上形成的，信任机制是保证隐性知识交流的重要保障，知识识别与获取需要依托知识管理信息系统（knowledge management information system，KMIS），知识管理信息系统为知识获取、加工、传递等提供了平台。科技成果转化双方应该在有限理性的条件下，以契约为依据进行利益的分配。

4.2.2.2 科技成果转化试验阶段与知识共享与学习的耦合关系

在前一阶段，对知识进行识别，并获得科技成果转化所需的知识，在试验阶段需要结合转化主体的具体情况从外部获得知识，将外部知识和内部知识进行知识的共享与学习，尽量全面地掌握科技成果转化所需的相关知识，如图 4-5 所示。这个阶段还需要大量的知识交流，这些知识可以分为显性知识和隐性知识，也可以分为内部知识和外部知识。内部知识是转化主体内部所具有的知识；外部知识需要从转化主体的外部知识源引入。

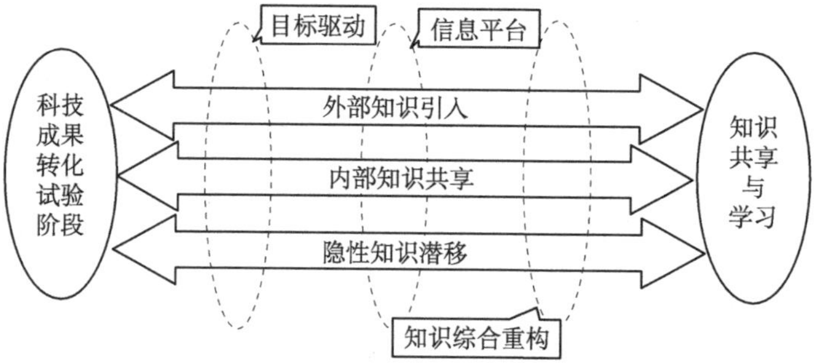

图 4-5 科技成果转化试验阶段和知识共享与学习的耦合关系图

有的学者将知识的学习分为显性知识的学习和隐性知识的学习，也有的学者将知识的学习分为显性知识的学习、隐性知识的学习和过程知识的学习[81]。过程知识是在高校科技成果转化的过程中产生的知识，根据 Michael Polanyi 的知识划分标准，过程知识可以进一步分为显性知识和隐性知识，所以，知识的学习包括显性知识的学习和隐性知识的学习。

高校科技成果转化中的显性知识是公共产品性质的知识，是转化中的主要知识，它影响着科技成果转化的效率，这些知识可以通过学习获得。高校科技成果转化中的隐性知识是不能直接用语言描述，或者无法用语言文字符号来准确表达的科技成果构思、设计、试验及其生产的技术技巧类的知识，以及科技成果研发者及其单位的理念、精神、价值观等文化层面的知识和管理技巧知识等，如研发人员解决具体问题的技巧和经验、操作仪器设备的技巧和经验等。隐性知识可以通过例会、人与人对面交流、研究报告会等方式获得。知识的学习不可能一次性完成，也不可能一次性地组织所有的员工都参与学习，因此，应该建立科技成果转化网络信息平台，便于各主体进行知识的扩散和共享。所以，这个阶段的活动主要是外部知识引入、内部知识共享和隐性知识潜移等活动。这些活动要顺利进行需要有社会关系网络的沟通与碰撞效应。知识的学习与继承需要一个过程。知识的接受程度直接影响到下一个转化环节的转化效率，比如很有转化前途的科技成果，由于接受方对该成果的技术方法和工艺路线等接受水平差，就会造成该成果的生产质量低下。因此，科技成果转化与知识的共享与学习有密切的关系，知识共享与学习有利于产生新的理论、新的方法、新的工艺和新的规范等，有利于以后的创新。这个阶段将实验室的技术成果推进到可以生产的程度。有效的知识学习和共享可以激发科研人员进行大量的创新，通过自发式的协调机制实现契约规定的研发任务。

科技成果转化需要有目标的驱动，目标是知识共享与学习的驱动力，信息网络为知识共享与学习提供了平台，通过知识共享与学习，不断从外界吸收知识，对内外部知识进行融合，即进行知识的综合重构，知识综合重构有利于进行知识的创新。

4.2.2.3　科技成果转化生产及产业化阶段和知识整合与创新的耦合关系

知识的流动性使得知识可以在科技成果转化所涉及的不同主体间转移、传播和扩散，以实现科学技术与人、财、物等其他生产要素的重新组合，优化资源和能力配置，推动经济社会发展[81]。知识整合与创新是知识链的最后一个环节，与科技成果转化生产及产业化阶段相联系。该阶段需要将前面科技成果转化试验阶段获得的知识与产品设计、市场营销、工艺工程等多方面的知识进行整合，在生产阶段将技术和知识固化到产品中。通过前面的知识整合，不断地进行创新，以适应不断变化的市场需求。这个阶段的关键要素是设计知识、市场知识和工艺知识的综合利用，如图4-6所示。

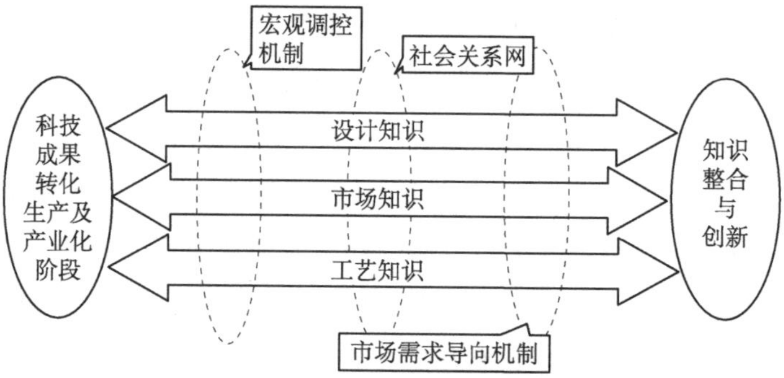

图 4-6 科技成果转化生产及产业化阶段和知识整合与创新的耦合关系图

科技成果转化生产及产业化阶段进行的知识创新受国家宏观调控政策、市场需求导向机制和社会关系等诸多因素的影响，国家政策导向和市场导向影响着创新的方向，社会关系网络影响着创新的效率。

4.3 高校科技成果转化的知识创新作用机理

耦合互动促进知识的获取、知识的学习、知识的共享和知识的增值，科技成果转化知识增值的作用如图 4-7 所示。从图 4-7 可以看出，科技成果在转

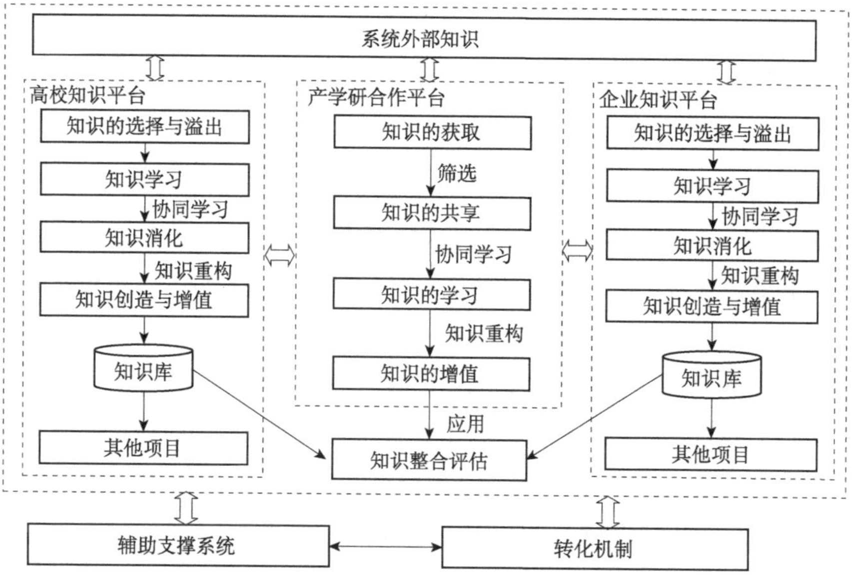

图 4-7 科技成果转化知识增值作用机理示意图

化过程中的知识学习主要在试验阶段，通过对系统外部知识、高校知识平台知识和企业知识平台知识的获取、共享与学习，原有的知识含量增加，知识被转移到产品或服务中，随着试验的进行，知识累计不断增加，产生了技术创新，技术创新使得产品或服务的知识含量增加，使得产品或服务具有更大的社会价值或经济价值。

高校科技成果转化是高校相关科研人员把科研产出的成果经实验室试验以产出产品或样品模型，再转移到企业经生产阶段进行批量生产，直至投入市场以能够进行产业化发展，实现产品物化的过程，其实质就是知识增值的过程。为了能够清晰地描述高校科技成果转化知识增值的运行机理，本书引入了知识发酵理论来形象地描述科技成果转化三个阶段的知识增值机理。

4.3.1　知识发酵理论

发酵是一个生物学概念，一般是指菌株在温度和湿度等适宜环境中，在生物酶的作用下，在营养母体中进行繁衍和进化，并产生新物质、新物种的过程。人们发现知识活动与生物学的发酵过程很相似，便将发酵理论应用到知识活动中。“知识发酵”就是在特定的条件下（包括先进的知识工具、场所、设施和有利的制度、文化等组织环境），知识菌株在知识母体中消化、适应、转化、演进、创新，并融合、活化为组织的“行动知识”的过程。知识发酵模型如图4-8所示。

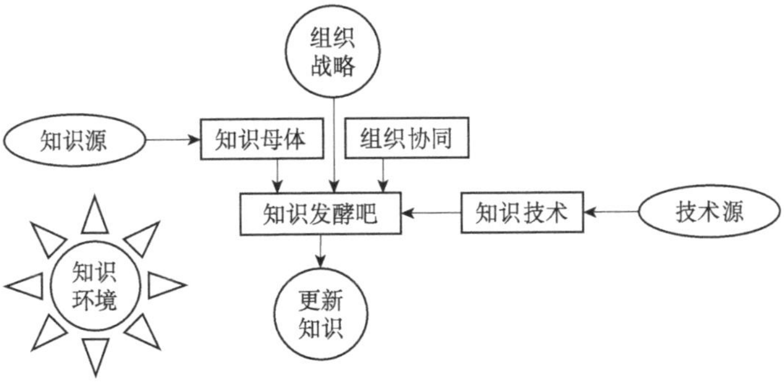

图4-8　知识发酵模型图

知识发酵模型的要素包括以下部分。

（1）知识菌株——组织战略。知识菌株是知识发酵的触发器，它对知识发酵起着诱导、控制的作用，它决定知识发酵的方式及产生的发酵产物。组织的战略或愿景相当于知识菌株，它诱导知识发酵的方向，控制知识发酵的目标。

（2）知识母体——知识营养体。知识要想发酵，需要有知识营养，知识母体是知识营养的来源。人们合作的愿望、学习的态度、组织内全体专家的知识背景、组织内外的知识资源等都是知识母体。知识母体可以为知识发酵过程提供营养丰富、营养均衡的环境。知识母体决定知识发酵产物能否产生，以及发酵产物产生的种类和产生的层次等。知识母体是新知识产生的重要因素。

（3）知识发酵酶——组织协同。知识发酵酶是促进知识学习的因素，知识要想很好地发酵，需要有知识发酵酶的推动。知识发酵酶是保证组织知识发酵的控制者，对知识发酵起到促进和协调的作用。知识发酵酶主要表现为组织中知识主管的组织管理能力，是知识发酵不可缺少的催化剂，它可提高知识增长的速度，降低组织知识学习的成本。

（4）知识工具——信息技术及组织物质条件。信息技术包括信息与网络技术、各种网络平台、专家系统、组织管理系统平台、知识仓库、知识地图等；组织的物质条件包括组织的财力、物力等。知识工具保证了知识发酵的高效运行。

（5）知识发酵吧——组织学习的场所。知识发酵吧是学习知识的场所，它把知识发酵的各种要素有机结合起来进行知识发酵的组织机制，可以是物质空间，可以是虚拟的超物质空间（组织机制），还可以是精神空间（共享的经验、观念和理想等），也可以是这三者的组合。根据野中郁次郎的SECI模型及“知识发酵”理论，知识发酵吧可以作为知识创造过程的基础，并且表出化、联结化、内在化和社会化的每一种转化都有对应的知识发酵吧，这些知识发酵吧分别为规范化发酵吧、系统化发酵吧、验证扩散发酵吧、知识创意发酵吧。

（6）知识环境——组织内、外环境。知识发酵和组织的环境密不可分，组织的体制环境、企业文化、企业人文环境及产学研“共享、联盟”机制等都对知识转移和增值产生了重要的影响。外部环境不仅决定知识菌株的类型，而且对知识母体、知识发酵酶和知识工具的内容、形式和状态也都有一定的影响。组织内部学习环境、知识管理制度及规则等是知识发酵进行的基本条件，保证知识发酵有效进行。

（7）知识源。知识源是指组织内外部可以利用的各种知识资源。

（8）技术源。技术源是指组织内外部可以利用的用于获取和处理知识的工具，特别是信息技术所需要的硬件和软件产品。

（9）更新知识。更新知识是指知识发酵形成的知识发酵的产物，是组织通过知识的学习所产生的新知识、新观点、新工艺、新的工作方法及处理问题的新方案等。

4.3.2　高校科技成果转化试验阶段知识增值机理研究

根据知识发酵理论，在试验阶段知识创新的发酵过程中，本书将高校在研发阶段产生的科技成果作为知识菌株，高校研发主体拥有的理论知识、关键技术知识及隐性知识等构成知识母体，研发人员知识共享显性和隐性知识的意愿、知识吸收整合能力及企业方相关人员的知识转移能力等是知识发酵酶，知识菌株在知识发酵酶的催化作用下，以知识母体为基础，并将高校本身具有的知识存量和共有知识共同融入到高校的实验室中，在此过程通过高校内部的知识平台、产学研合作平台及企业知识平台等知识发酵工具实现科技成果在实验室这一发酵吧中相关隐性知识间共享、隐性知识社会化为显性知识、显性知识间共享及显性知识内化为隐形知识等知识运行活动，最终创新形成可进行生产的产品模型或样品的原理性知识。

根据上述关于高校科技成果转化知识创新发酵过程的分析，可构建出包含知识源转移方、知识接受方，以及知识转移情境和知识势能等诸多相关因素协同影响高校科技成果转化试验阶段知识增值运行的发酵模型，具体如图 4-9 所示。

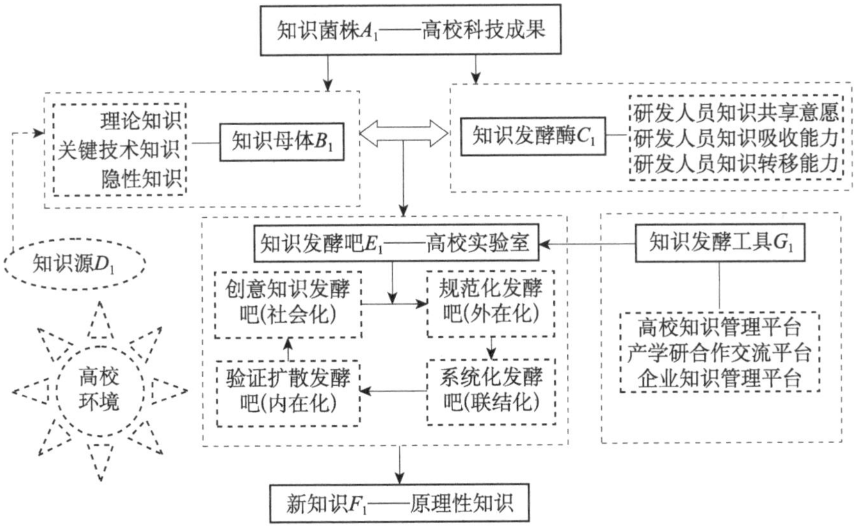

图 4-9　基于知识发酵的高校科技成果转化试验阶段知识增值机理图

高校科技成果转化试验阶段知识发酵过程的数学表达式为

$$A_1 + B_1 + C_1 \rightarrow E_1 - D_1 \rightarrow F_1 + G_1 \tag{4-1}$$

其中，A_1 表示高校科技成果转化试验阶段的知识菌株，即高校科研环节形成的高校科技成果；B_1 表示试验阶段的知识母体，主要包括理论及原理性知识、关键技术性知识及人员拥有的隐性知识；C_1 表示试验阶段的知识发酵酶，主要包括高校研发人员知识转移意愿、高校研发人员知识吸收能力、高校研发人员知识转移能力；D_1 表示高校原有的知识存量和公共知识；E_1 表示试验阶段的知识发酵吧，即高校实验室；F_1 表示试验阶段发酵之后产生的新知识，即生产需要的原理性知识；G_1 表示试验阶段的知识发酵工具，包括高校知识管理平台、产学研合作交流平台及企业知识管理平台。

4.3.3 高校科技成果转化生产阶段知识增值机理研究

试验阶段创新出的原理性知识经过工艺设计和样机测试环节创造出产品原型或样品，以转移到企业中进行生产，在该阶段以产品模型或样品作为知识菌株；企业人员具有的工艺知识、制造技术知识、设备知识、成本知识及从高校转移来的原理性知识充当相应的知识母体；在该阶段的知识创新效率会受到高校人员知识转移能力、校企合作意愿、企业人员知识转化能力、企业人员知识共享意愿（主要是隐性知识）及校企间知识势能的影响，因此，把这些影响因素作为知识的发酵酶。进而在充当知识发酵吧的企业生产部门中利用知识发酵酶对企业原存知识和知识母体进行催化发酵，经过生产主体间隐性知识共享、隐性知识社会化为显性知识、显性知识共享及显性知识内化为隐性知识等知识活动后，最终创新出可进行批量化生产的工艺性知识，具体如图 4-10 所示。

该阶段的知识发酵过程的数学表达式为

$$A_2 + B_2 + C_2 \rightarrow E_2 - D_2 \rightarrow F_2 + G_2 \tag{4-2}$$

其中，A_2 表示高校科技成果转化生产阶段的知识菌株，即经过试验环节形成的产品原型或样品；B_2 表示生产阶段的知识母体，主要包括原有的工艺知识、制造技术知识、设备知识、成本知识和原理性知识；C_2 表示生产阶段的知识发酵酶，主要包括高校研发人员知识转移能力、校企合作意愿、企业人员知

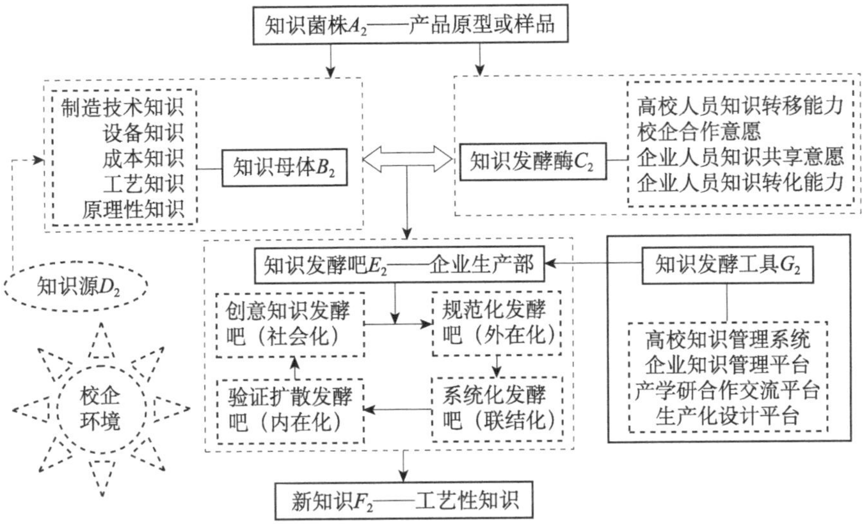

图 4-10　基于知识发酵的高校科技成果转化生产阶段知识增值机理图

识共享意愿、企业人员知识转移吸收能力；D_2表示高校、企业原有的知识存量和公共知识；E_2表示生产阶段的知识发酵吧，即企业生产部；F_2为生产阶段发酵之后产生的新知识，即市场化生产需要的工艺性知识；G_2为知识发酵工具，包括高校知识管理平台、企业知识管理平台、产学研合作交流平台及生产化设计系统。

4.3.4　高校科技成果转化产业化阶段知识增值机理研究

企业通过改进制造技术和生产工艺作用于生产阶段创新出的工艺性知识，以生产出可批量化制造的产品作为科技成果转化产业化阶段知识创新发酵的知识菌株。由于在该阶段企业需要与市场进行接轨，因此，产品外观知识、营销人员知识、行业对手知识，以及前两个阶段产生的原理性知识和工艺性知识等都是该阶段知识发酵需要的知识菌株，同时为了促进科技成果产业化的企业需要了解消费者的偏好及期望和支付能力等信息。这三种信息及企业与市场的沟通机制充当该阶段的知识发酵酶，让其在企业市场和营销部构成的发酵吧中对知识菌株和知识母体进行催化发酵。在这一过程中，市场技术交流平台、产学研合作交流平台和客户关系管理系统作为知识发酵工具，最终发酵创新出科技成果可进行产业化生产的市场性知识。同时高校科技成果转化在三个阶段中所处的发酵内环境也是不同的，分别为高校环境、校企环境和市场环境，但是高校科技成果转化还会受外环境的影响，具体情况如图 4-11 所示。

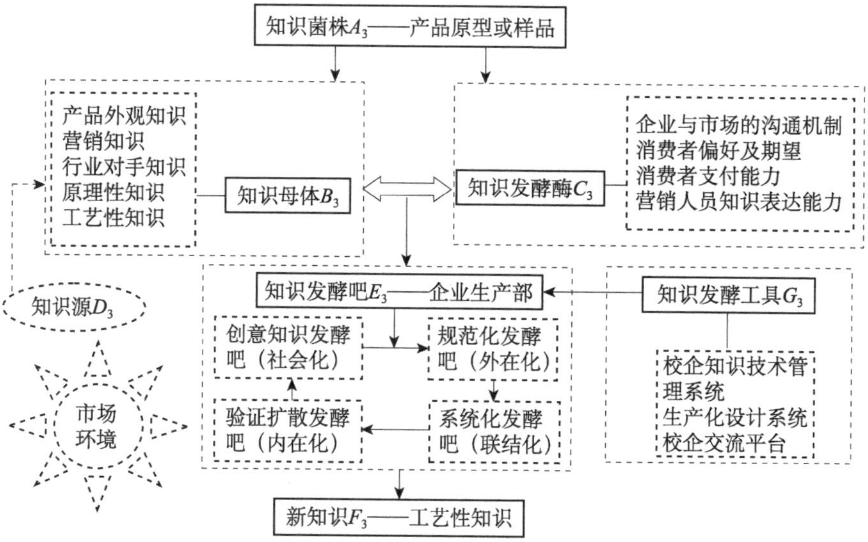

图 4-11 基于知识发酵的高校科技成果转化产业化阶段知识增值机理图

产业化阶段知识发酵过程数学表达式为

$$A_3+B_3+C_3 \to E_3-D_3 \to F_3+G_3 \tag{4-3}$$

其中，A_3 表示高校科技成果转化产业化阶段的知识菌株，即生产环节形成的产品原型或样品；B_3 表示产业化阶段的知识母体，主要包括产品性外观知识、工艺知识、制造技术知识、营销知识、对手知识等；C_3 表示产业化阶段的知识发酵酶，主要是企业与市场沟通机制、消费者偏好及期望、消费者支付能力、营销人员的知识表达能力；D_3 表示企业具有的知识存量和公共知识；E_3 表示产业化阶段的知识发酵吧，即企业生产部；F_3 表示生产阶段发酵之后产生的新知识，即市场化生产需要的工艺性知识；G_3 为知识发酵工具，包括校企知识技术管理系统、生产化设计系统及校企交流平台。

根据上述关于高校科技成果转化知识创新发酵过程的分析，从而构建出包含知识源方、知识接受方，以及知识创新情境和知识势能方面的相关因素协同影响高校科技成果转化知识创新运行机理的发酵模型，具体如图 4-12 所示。

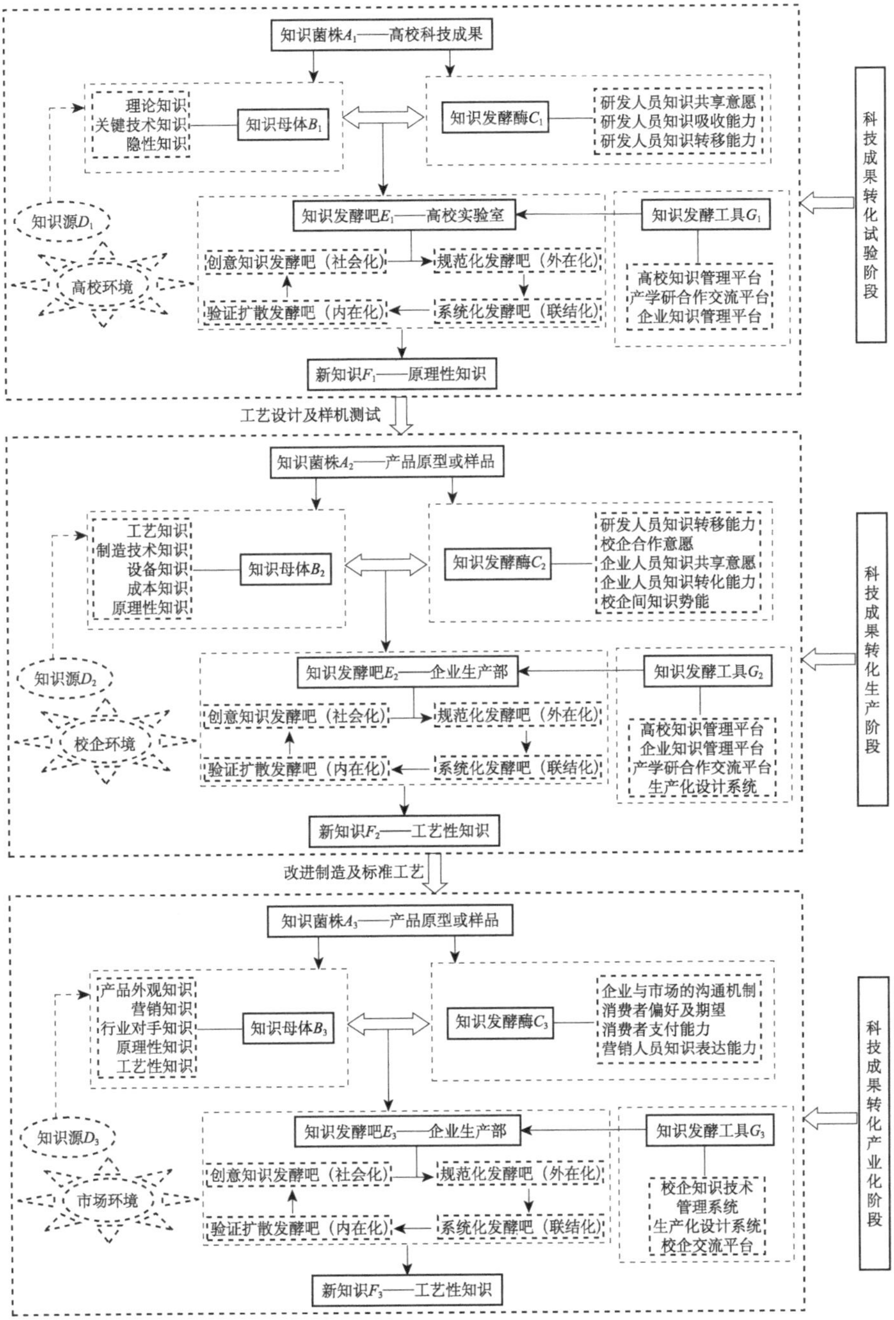

图 4-12　高校科技成果转化知识创新运行机理的发酵模型图

本书通过分析，绘制出了高校科技成果转化知识创新机理的知识发酵模型，构建出了相应的高校科技成果转化知识创新总的知识发酵过程方程，方

程表达式为

$$A + B + C \to E - D \to F + C \tag{4-4}$$

其中，A 表示不同转化阶段的知识菌株；B 表示不同转化阶段的知识母体；C 表示不同转化阶段的知识发酵酶；D 表示高校、企业原有的知识存量和公共知识；E 表示不同阶段的知识发酵吧；F 表示发酵之后产生的新知识。

4.4　高校科技成果转化知识创新的数学模型构建

从构建的高校科技成果转化知识创新机理的知识发酵模型可以看出，高校科技成果转化知识创新量包括三部分，即试验阶段知识创新量、生产阶段知识创新量和产业化阶段知识创新量。令 K 表示高校科技成果转化知识创新总量，K_1 表示高校科技成果转化试验阶段知识创新量，K_2 表示高校科技成果转化生产阶段知识创新量，K_3 表示高校科技成果转化产业化阶段知识创新量，因此有

$$K = K_1 + K_2 + K_3 \tag{4-5}$$

由于高校科技成果转化过程具有时间性，因此，本书做如下假设。

假设 1：高校科技成果转化过程知识创新量随着时间的变化而改变，即可令 K 是关于时间变化的函数，进而高校科技成果转化知识创新变化率可表示为

$$\frac{\mathrm{d}K(t)}{\mathrm{d}t} = \frac{\mathrm{d}K_1(t)}{\mathrm{d}t} + \frac{\mathrm{d}K_2(t)}{\mathrm{d}t} + \frac{\mathrm{d}K_3(t)}{\mathrm{d}t} \tag{4-6}$$

在高校科技成果转化过程中引入协同理论，来分析经协同合作之后，高校与企业在科技成果转化中知识创新变化率问题。在试验阶段由于高校在实验室发酵吧中需要企业中的相关知识，因此，企业相关人员知识转移能力会影响高校科技成果创新，企业知识转移能力会引起高校知识创新率的变化。

假设 2：高校科技成果转化知识创新量服从指数增长。

假设 3：在高校科技成果转化过程中，企业不进行重大战略的改变，人员正常流动。同时令高校和企业知识吸收能力分别为 α_1、α_2；高校和企业的知识转移能力分别为 β_1、β_2；高校与企业的合作意愿为 r；企业整合市场知识的

能力为 ε；高校和企业自身知识创新率分别为 ω_1 和 ω_2；高校和企业自身的知识存量分别为 Y_1 和 Y_2；校企之间的知识势能为 U；外界市场环境的知识创新速率为 ρ，其中 θ 和 δ 是其相应的特征参数；高校和企业自身知识老化率分别为 c_1、c_2；高校或企业转移知识与接受方原有知识的兼容度和矛盾度分别为 v、λ。

4.4.1　试验阶段知识创新模型

令高校科技成果转化试验阶段的知识创新变化率为

$$\frac{\mathrm{d}K_1(t)}{\mathrm{d}t}=[s(t)-\mathrm{d}(t)]\times K(t) \tag{4-7}$$

式中，$s(t)$ 表示协同作用后高校在科技成果转化过程中对知识创新量增长推动率；$\mathrm{d}(t)$ 表示协同作用后高校在科技成果转化过程中对知识创新量增长阻碍率。

结合杜静构建的知识创新数学模型和本书所构建的知识创新机理发酵模型，可得出 $s(t)$ 和 $\mathrm{d}(t)$ 的表达式为：

$$s(t)=\omega_1+\alpha_1\times r \tag{4-8}$$

$$\mathrm{d}(t)=c_1+\mathrm{e}^{\delta\times\omega_1\times t/c_1}\times\theta\times c_1/\rho \tag{4-9}$$

联立式（4-7）、式（4-8）、式（4-9）可以得出：

$$\frac{\mathrm{d}K_1(t)}{\mathrm{d}t}=(\omega_1+\alpha_1\times r-c_1-\mathrm{e}^{\delta\times\omega_1\times t/c_1}\times\theta\times c_1/\rho)\times K(t) \tag{4-10}$$

4.4.2　生产阶段知识创新模型

令高校科技成果转化生产阶段知识创新变化率为

$$\frac{\mathrm{d}K_2(t)}{\mathrm{d}t}=[f(t)-g(t)]\times K(t) \tag{4-11}$$

式中，$f(t)$ 表示因校企间协同进行知识共享和转移而引起的知识创新率变化；$g(t)$ 表示校企间协同进行知识共享和转移过程中因双方知识的差异产生替代和冲突引起的知识创新率变化。

高校与企业间的协同创新会产生两种情况：第一，因校企双方的协同合作过程中优势融合产生正向作用而引起企业知识创新率改变；第二，校企双方的协同合作过程因出现替代与冲突情形，从而产生负向作用使得企业知识创新变化率降低。通过对前人构建知识创新模型的改进，得出 $f(t)$ 和 $g(t)$ 的表达式：

$$f(t)=\frac{U}{Y_1}\times\omega_1\times e^{\alpha_1\times r\times(\omega_2-\omega_1)}+\frac{U}{Y_2}\times\omega_2\times e^{\alpha_2\times r\times(\omega_2-\omega_1)} \tag{4-12}$$

$$g(t)=\nu\times(1-\varepsilon)+\lambda\times\varepsilon=\nu+\lambda\times\varepsilon+(\lambda-\nu)\times\varepsilon \tag{4-13}$$

联立式（4-11）、式（4-12）、式（4-13）得出：

$$\frac{dK_2(t)}{dt}=\left\{\left[\frac{U}{Y_1}\times\omega_1\times e^{\alpha_1\times r\times(\omega_2-\omega_1)}+\frac{U}{Y_2}\times\omega_2\times e^{\alpha_2\times r\times(\omega_2-\omega_1)}\right]-\left[\nu+\lambda\times\varepsilon+(\lambda-\nu)\times\varepsilon\right]\right\}\times K(t) \tag{4-14}$$

4.4.3 产业化阶段知识创新模型

在高校科技成果转化产业化阶段，涉及更多的是企业与市场间的知识流动问题，因此，令企业在该阶段从市场获取的知识量占企业在该时刻创新总量的比例为 m，因此，产业化阶段知识创新变化率为

$$\frac{dK_3(t)}{dt}=(\omega_2+\varepsilon\times\alpha_2-\omega_2\times\varepsilon\times\alpha_2-c_2)\times m\times\frac{dK(t)}{dt} \tag{4-15}$$

因此，联立式（4-6）、式（4-10）、式（4-14）、式（4-15）可以得出高校科技成果转化知识创新变化率总方程式为

$$\begin{aligned}\frac{dK(t)}{dt}=&(\omega_1+\alpha_1\times r-c_1-e^{\delta\times\omega_1\times t/c_1}\times\theta\times c_1/\rho)\times K(t)+\\&\left\{\left[\frac{U}{Y_1}\times\omega_1\times e^{\alpha_1\times r\times(\omega_2-\omega_1)}+\frac{U}{Y_2}\times\omega_2\times e^{\alpha_2\times r\times(\omega_2-\omega_1)}\right]-\left[\nu+\lambda\times\varepsilon+(\lambda-\nu)\times\varepsilon\right]\right\}\times K(t)+\\&(\omega_2+\varepsilon\times\alpha_2-\omega_2\times\varepsilon\times\alpha_2-c_2)\times m\times\frac{dK(t)}{dt}\end{aligned} \tag{4-16}$$

通过对公式（4-16）求解得出高校科技成果转化知识创新总量的数学表达式为

$$K(t)=e^{\left[\frac{\omega_1+\alpha_1\times r-c_1+\frac{U}{Y_1}\times\omega_1\times e^{\alpha_1\times r\times(\omega_2-\omega_1)}+\frac{U}{Y_2}\times\omega_2\times e^{\alpha_2\times r\times(\omega_2-\omega_1)}-\nu-\lambda\times\varepsilon-(\lambda-\nu)\times\varepsilon}{1-(\omega_2+\varepsilon\times\alpha_2-\omega_2\times\varepsilon\times\alpha_2-c_2)\times m}\right]\times t}\Big/ e^{\frac{\theta\times c_1^2}{\rho\times\delta\times\omega_1\times[1-(\omega_2+\varepsilon\times\alpha_2-\omega_2\times\varepsilon\times\alpha_2-c_2)\times m]}\times e^{\delta\times\omega_1\times t/c_1}} \tag{4-17}$$

第5章

高校科技成果转化知识管理体系构建

科技成果转化知识管理的运行过程分为知识识别与获取、知识共享与学习、知识整合与创新三个阶段。其中，知识识别与获取是科技成果转化双方知识供需匹配过程；知识共享与学习是科技成果转化方学习外部知识，内部知识的扩散与共享过程；知识整合与创新是科技成果转化方不断进行知识融合，在现有知识体系上进行知识再创造的过程。科技成果转化知识管理的产出，既包括有形的经济效益产出，也包括无形的组织优化、核心竞争力形成等产出。高校科技成果转化知识管理就是通过投入、运行、产出三个阶段的不断反馈，形成增益循环，推动科技成果转化可持续发展。

5.1 高校科技成果转化知识管理影响因素分析

高校科技成果转化知识管理是一项复杂的系统工程，它涉及高校、企业、政府部门、中介机构、金融机构及科研人员等不同的主体，科技成果转化的知识管理受多种因素的影响。这些影响因素既包括科技成果转化主体之间的知识交流和互动，又包括科技成果转化平台和渠道、市场机制、高校管理体制与奖励机制、风险转移机制、科技成果转化投入、科技成果转化效益等多方面。

5.1.1　科技成果转化主体之间的知识交流与互动

从图 4-2 可知科技成果转化知识管理涉及多个主体，这些主体之间有知识的交流，尤其是高校（科研院所）与企业之间，知识的交流非常多。从图 4-9 和图 4-10 可知高校科技人员的知识转移意愿、转移平台、转移介质、转移方式、转移手段等对知识的转移都有非常重要的影响。企业人员的接受意愿、接受能力、接受方式、接受渠道和吸收程度等都影响科技成果转化的知识行为。

5.1.2　科技成果转化平台和渠道

通过第 4 章的研究，我们知道知识管理平台在科技成果转化中起着非常重要的作用，是联系高校和企业的一座桥梁，它实现了知识的转移。知识管理平台是科技成果转化知识转移的有效渠道，是保证企业获得更多知识，并将知识固化到产品中，提高商品价值的有效途径。科技成果转化的知识交流渠道有多种，既有网络平台，又有人与人的直接交流。科技成果转化的知识交流渠道畅通，既是保证企业科技创新的基础，又是提高企业商品价值的重要渠道。

5.1.3　市场机制

我国科技成果转化收益对经济的贡献率较低，很大程度上是由我国技术市场机制不健全导致的。现阶段，我国高校普遍追求科技成果的知识性、技术性和创新性等，而忽视科技成果的实用性和经济性。这使得研发的科技成果与市场实际需求之间落差较大，有些科技成果甚至走不出实验室，根本无法实现转化，这就造成了人力、物力、财力的巨大浪费。因此，我国必须建立健全市场机制。所谓市场机制，是指通过市场竞争合理配置资源，发挥市场的主导作用，通过市场本身的价格机制、风险机制、供求机制和竞争机制相互联系、相互制约，达到降低交易成本、平衡供求关系的目的。目前，高校作为技术市场的主要供应方，市场意识淡薄，一味追求学术领域的前沿，忽视了项目本身的实用价值，至于研究成果能否迎合社会需求，后续如何改进，如何向现实生产力转化，以及科研成果带来的经济效益等问题，高校科技人员就很少关注。从图 4-11 可以看出，市场机制也影响科技成果转化和知识增值。此外，作为转化桥梁的技术中介机构，在短短的几十年内得到了快速的成长，在促进科技成果转化方面发挥了巨大的作用，但是庞大的中介群体对社会的经济贡献却非常有限。现今中介机构鱼目混珠，缺乏诚信，服务能力较差，影响了这一群体的整体信誉，增加了科技成果转化失败的风险。以上的种种表现，归根结底是由我国市场机制不健全造成的，市场无法在科技成果转化中发挥决定性作用，无法通过完全竞争让市场决定科技成果的价格，资源得不到高效利用，现代企业制度不完善，缺乏维护科技成果转化市场秩序的约束机制，加之信息不对称，市场失灵和不完全竞争，无法以市场需求为导向，实现科技成果的有效转化。

5.1.4 高校科研管理体制与奖励机制

高校作为技术创新的主力军和技术市场的主要供应方，对增强自主创新能力、促进科技成果转化发挥着至关重要的作用。但是，目前我国高校科研体制存在一些不足之处。首先，高校注重追求学术水平，即重视科技成果的知识创新性，而忽视科技成果的知识转移和有效利用。重视理论研究，轻视实际应用，一味追求学术领域的前沿，如申报项目和评奖的查新等，很少考虑科技成果与市场需求的结合，导致了成果数量多，但成果实用性差、转化数量少。其次，目前高校的科研管理仍沿用计划经济时期的基本模式，即国家计划立项→政府财政拨款→高校申请研究，科研人员在研发过程中缺乏市场调研，不重视与企业的合作，因此，研发成果很难适应市场需求[83]。在美国，高校与企业联合建立共用实验室进行合作研究，着重研究具有应用价值、能够提升工业竞争力的技术，高校与企业间的长期合作关系能够迅速地将科技成果应用到工业、企业中，实现科技成果的转化[84]，也就是重视知识的转移和有效利用。此外，高校的成果评价制度存在弊端，例如，成果鉴定中主要是以论文和专利的数量及质量作为衡量科研人员科研能力及评奖的重要指标，导致科研人员只关注申报项目、发表论文、申报专利、申请奖励和评职称，而不关注项目成果能否进行转化，能否提高社会技术水平，能否为社会带来实际效益等，偏离了科学研究的本意。另外，科技成果转化后，研究人员获利有限，无法调动广大研究者的积极性。高校的科研成果看似越来越多，有的甚至达到“国际领先”水平，但是，却不是满足生产和生活的急需技术，缺少对科技成果转化知识的管理，这也是我国科研经费逐年上涨而转让收入却在逐年降低的原因[72]。

5.1.5　风险转移机制

科技成果转化过程中存在着巨大的不确定性，其不确定性主要表现在四个方面：结果的不确定性，即事先难以预料科技成果能否转化成功，达到既定的目标；技术的不确定性，即难以确定哪条技术途径是实现目标的最佳途径；目标的不确定性，即难以事先确定既定的目标在项目执行过程中或完成后一定能够使项目相关者满意；管理的不确定性，即难以确定使用哪种管理模式可以保证成果顺利地实现转化[85]。科技成果转化的不确定性，是由知识无法正常转移造成的。知识转移不确定性的存在，增加了科技成果向现实生产力转化的风险，而一旦成果转化失败，在现有的科研机制下，全部的损失将由高校科研人员自行承担，与理论研究和应用基础研究相比，谁也不愿将有限的资金投入到回报不确定的成果转化过程中，这也是我国高校科技成果转化在中试阶段和产业化阶段投资严重不足的重要原因。我国尚未建立起高风险投资的分散机制，缺少风险投资的介入，高校的科研成果与具有高额利润的企业之间没有实现优势互补，缺乏多层次的投资渠道，风险投资基金较低，无法分散成果转化带来的风险，成果转化失败的损失都由高校科研人员承担，这显然是不合理的，不利于提高科研人员进行成果转化的积极性。

5.1.6　科技成果转化投入

科技成果转化资金投入是高校科技成果进行转化的保障，是科技成果与市场经济相结合的“催化剂”[86]，转化资金投入不足成为制约我国高校科技成果转化的重要障碍。我国财政科学技术支出在逐年增长，但是在国家财政总支出中占比不高，近几年更是出现偏低态势。由于资金总量投入不高，科研经费在科技成果转化各阶段投资结构不合理，我国大量的科技成果无法走出实验室，知识转移效率和成果转化率较低，工业技术水平提高慢。根据发达国家的经验，一项科技成果实现转化，其在研发阶段、中试阶段、生产及产业化阶段的投资比例为 1∶10∶100，而我国约为 1∶1∶10[87]，中试阶段与产业化阶段投资严重不足，缺少高校和企业的合作研发，致使知识转移不够，企业技术创新水平不高。因此，金融机构就不愿投资到回收期长、回收金额不确定的成果转化和高风险的高新技术项目之中。多数高校仍然是以政府财政拨款为主，受资金总量的限制，政府的投资多集中于关乎国计民生且回报明显的基础性研究项目，而忽视了那些对企业具有实用价值和市场发展潜力的科研成果。日本作为世界科技大国，与其他工业发达国家相比，日本的科研经费在国内生产总值中占比最高。例如，2004 年，日本的科研经费达到 16.9376 万亿日元，在全部的科研经费中，79.7% 来自民间企业，国家和地方财政资助只占到 20.0%[88]。这种大学与企业之间的合作研究制度不仅能够提高科技成果的实用性，而且能够为科技成果中试和产业化阶段注入资金，保证知识有效固化到产品中，提高产品的技术含量和质量，这正是我国科技成果转化需要借鉴的经验。

5.1.7 科技成果转化效益

高校科技成果转化效益的多少也是影响知识转移的一个重要因素，知识转移少，固化到产品中的知识就少，知识技术含量少，商品的价值就上不去，投资回报率就低。投资回报率低，企业就不愿进行合作，如此循环，就造成了科技成果转化知识管理不善。目前，由于科技成果市场适应性差，再加上科技人员无法获得应该得到的利益，科技成果转化效益受限，严重损伤了广大研究者的积极性和创造性。

5.2 高校科技成果转化知识管理体系构建

5.2.1 知识管理体系

5.2.1.1 知识管理体系内涵

知识管理的实质是对知识链的管理，使组织中的知识在流动中不断增值。

知识管理体系是通过建立适用的组织知识的管理制度，利用知识库工具，构建组织知识管理系统，营造一个能够促进组织学习、知识积累和信息共享的知识环境，形成全员知识管理的组织文化，使组织的显性知识和隐性知识能够相互转化的管理体系。一个组织要进行有效的知识管理，必须建立一个适合本组织的知识管理体系。

构建知识管理体系，就是从组织整体的角度，综合考虑知识管理体系各方面的影响因素，对适合我国特色的知识管理体系框架进行总体规划，指导各级组织的知识管理系统建设，保障组织内各部门之间的知识共享和传递，以及组织与社会之间的知识传播与互动，在宏观、中观、微观等各个层面促进知识管理工作有序、协调、可持续地发展，提升组织的知识管理水平。

知识管理体系就是从组织内外部的知识源出发，构造出一条完整的组织产品知识生态链，并对该知识生态链进行有效管理的一系列组织活动的集合，其目的是促进组织知识不断增值。知识生态链由知识的采集→知识加工→知识的存储与积累→知识的共享与学习→知识的使用与创新等构成，知识生态链环环相扣，相互联结，它们之间的关系就像是被一条看不见的链条连接起来，形成一个网络结构。知识管理体系是由使组织知识能够不断地增值的各个要素构成的整体框架。

5.2.1.2　知识管理体系构成

知识管理体系是实现知识管理目标所必需的、系统的知识组织制度和知识管理制度的总称，一个完善的知识管理体系不仅要对生态知识链中的各个活动进行有效的管理，还要对生态知识链中每个活动环节进行优化，保证知识生态链的各个环节相互协调、统一，保证知识链中的知识持续增值，提高组织的竞争能力。从总体来看，知识管理体系由知识管理理念和知识管理平台两大部分组成，如图 5-1 所示。

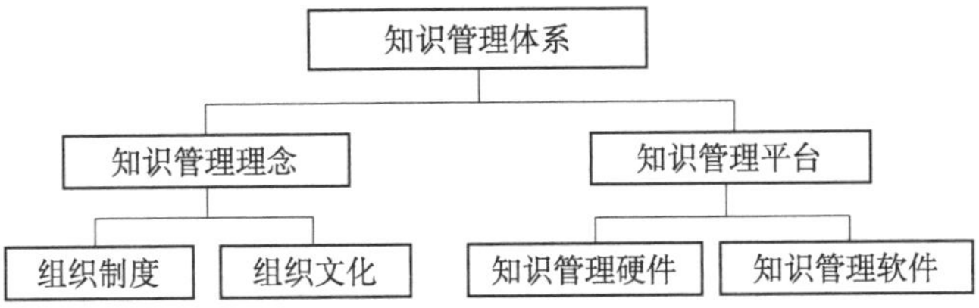

图 5-1　知识管理体系图

知识管理理念包括组织制度和组织文化两个方面。组织制度包括确立组织的知识资产和制定员工激励机制等，强调知识管理的重要性，鼓励员工共享和学习知识。组织文化包括组织共享文化、团队文化和学习文化等，能加强员工的协作和学习。

知识管理平台对知识进行收集、加工、存储、传递和利用，实现高校科技成果转化的知识识别与获取、知识共享与学习，以及知识整合与创新等，使组织的显性知识和隐性知识得到相互转化，促进科技成果转化为现实的生产力。

知识管理平台是一个以人的智能为主导，以信息技术为手段的人机交互的知识管理系统，知识管理平台包括知识管理硬件和知识管理软件。建构知识管理平台的目标是将组织中的各种知识资源，既包括显性知识，又包括隐性知识，整合为动态的知识体系，以促进知识创新。知识创新可以提高技术创新能力，可以不断提高劳动生产率，从而提高组织的核心竞争力。知识管理系统一般是由知识管理基础设施、组织应用系统、知识流程、CKO 管理体制及人际关系网络组成的一个综合系统。知识管理平台的架构如图 5-2 所示。

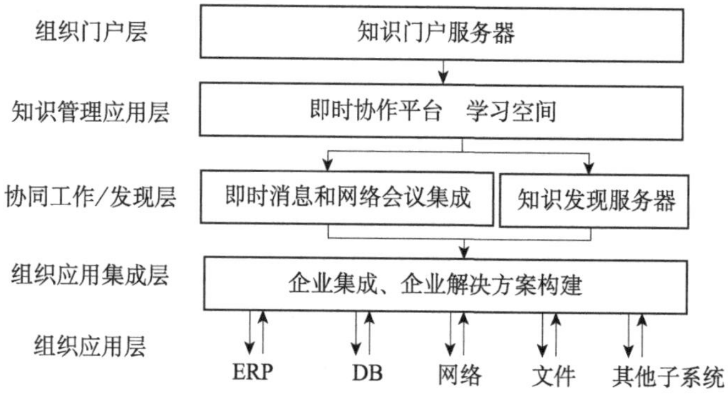

图 5-2　知识管理平台体系架构图

知识管理基础设施是知识管理的支持部分，包括数据库、知识库、多库协调系统、网络平台等基本技术手段，以及人与人之间的各种联系渠道等。网络平台主要包括 Intranet（内联网）、Internet（因特网）和互联网等类型。组织内部以 Intranet 为核心，并通过它延伸至 Internet 和互联网。信息数据库是知识库的一部分，知识库的内容比较广泛，包含所有与组织有关的信息和知识。知识库建立并没有什么固定的模式，而是根据组织的具体情况来定的。

知识库可以积累和保存组织的信息和知识资产，加快组织内部信息和知识的流通，充分实现组织内部知识共享。

组织应用系统是组织已经存在的ERP、SCM、CRM、文件系统、非知识资源子系统、财务子系统、供应子系统、生产制造子系统、服务维护子系统、工程技术子系统、市场营销子系统等。众所周知，知识是由信息转化而来的，而组织应用系统则是通过对信息的提取、识别、分析和归纳转换而来的，故信息管理是知识管理的基础，知识管理则是信息管理的延伸。组织应用系统共同构成了组织知识管理系统的信息来源。

知识流程是指对知识收集、知识组织和知识利用的过程，通过知识流程管理实现知识的融合、序化、创新等。知识收集是知识管理系统通过引擎对所需要的知识进行外部和内部的收集，然后进行整理、过滤或分类等，将收集到的知识保存到介质中或者提供给应用系统进行处理。知识组织是指知识管理系统对收集到的知识进行有效处理，为知识收集系统和知识应用系统提供信息、知识支持。知识应用是指利用知识管理系统将收集或组织的知识进行知识的提取、融合，实现知识的转移、应用和创造，最后实现知识的螺旋式上升。知识流程中的知识收集、组织和应用活动是并行实施的，通过知识的交互，实现知识管理与应用，为决策者提供决策支持。知识流程活动需要数据管理、集成工具和过程控制及协调。知识流程是使知识资源更加合理地在知识链上形成畅通无阻的知识流，让每一个员工在获取与业务有关知识的同时，都能为组织贡献自己的知识、经验和专长。知识流程是知识管理系统的核心，知识流程管理需要利用各种工具，是集成工具的应用过程，如图5-3所示。

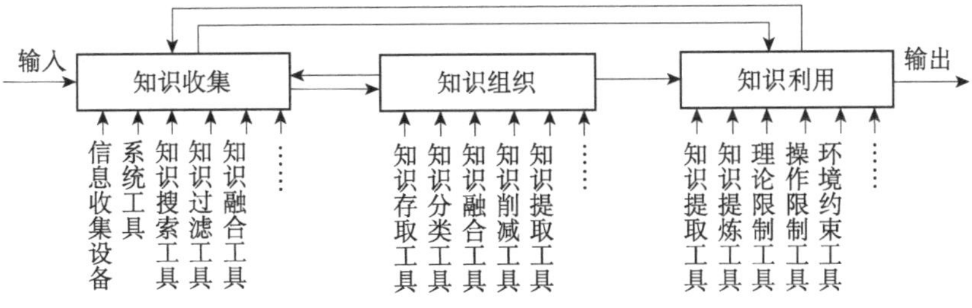

图5-3 知识流程图

CKO管理体制：随着信息管理向知识管理过渡，管理体制由首席信息官（chief information officer，CIO）演变为CKO的管理体制。CKO（chief knowledge officer，CKO），即首席知识官或知识总监，有的企业叫作首席战略官（chief strategic officer，CSO），有的企业叫首席学习官（chief learning officer，CLO），但不管叫什么都与知识管理脱不了干系。CKO最主要的任务就是掌管组织内所有与知识管理相关的工作，主要的知识管理工作有三类：一是发展并建立一个技术（或是程序）去创造、保护及使用一些已知的知识；二是设计并创造一个环境或活动去发现一些未知的知识；三是将知识管理的目的及本质具体化并深植于组织的日常运作中。知识管理系统由CKO来负责协调和控制知识收集、知识组织和知识利用。

人际关系网络：知识管理系统是一个人机集成系统，完善的人际关系网络是保障其正常运行的有效机制。智能设计工具服务可以实现友好的人机交互，通过协同机制将不同专家的设计与决策意见进行协同，实现隐性知识的转移，然后通过建模工具实现隐性知识的表达。人际关系网络强调充分发挥人的主观能动性和创造性，加强人与人之间的沟通与交流，隐性知识需要人际网络平台的交流，利用人际网络平台可以挖掘并激活人脑中的隐性知识，从而使组织的知识创新永不停息。

知识管理平台的实施步骤如下。

（1）知识库录入：将原有的知识进行分类，录入到知识库中，并发布到知识管理系统中。

（2）构建知识地图：建立知识分类目录，进行编号设置，规定各类规范要求等，形成知识架构，组建知识地图。

（3）设置知识权限：将有关的信息导入到知识管理系统中，根据主体的不同角色分配知识使用权限，形成安全共享的权限体系。

（4）建立知识积累机制：规划组织的合理知识管理流程，实现知识日常管理与积累，维护知识库的更新。

（5）建立知识统计分析机制：定期对组织的知识进行统计、评价分析等，及时把握知识积累，有利于知识创新。

（6）知识管理结果应用：将知识管理应用于项目研发、能力认证、绩效评估等实际工作中。

（7）扩大知识规模：不断引入外部知识，扩大知识应用范围，进行全员知识管理，形成全员知识共享，扩大知识规模，促进产业创新。

5.2.2 高校科技成果转化知识管理体系

高校科技成果转化率低的一个重要原因是科技成果转化主体间沟通不畅、缺乏合作，以致不能形成合力来促进现代高知识含量的科技成果商品化和产业化。科技成果转化体系是一个具有特定功能和结构的体系，不同的学者从不同的视角对科技成果转化体系进行了深入的研究，建立了由不同子系统构成的科技成果转化体系。虽然科技成果转化体系结构复杂，构成要素多，但是大部分的研究是基于剖面的科技成果转化体系和过程的科技成果转化体系进行的。前面已经研究了高校科技成果转化的组成体系，这里基于知识管理来研究高校科技成果转化知识管理体系和行为。

高校科技成果转化知识管理行为，是高校科技成果转化知识管理行为主体在一定支撑力的支配下展开的，作为高校科技成果转化知识管理活动开展与强化的支撑，支撑力的强弱程度直接关系着科技成果转化知识管理的效果[89]。

科技成果转化知识管理体系，就是以知识管理为核心来促进科技成果转化目标的有效实现的知识管理个人或组织的集合。该管理体系评估知识管理体系能否提升人才和组织的素质，能否增强组织的知识运行流转能力，能否促进组织获得核心竞争力，能否保持持续的竞争优势等；通过理论模型和数学方法相结合来评价企业在一定时间周期内的知识管理实施效果等。

科技成果转化知识管理组织体系，是在高校科技成果转化组织体系中嵌入了知识管理的功能，使科技成果转化与知识管理在组织的战略管理协同作用下，互相促进，协同工作，完成科技成果转化的知识管理活动。基于知识管理的科技成果转化组织体系，是由参与实施高校科技成果转化知识管理活动的各个主体构成的。这些构成主体主要包括两个部分：一部分是保证高校科技成果转化运行的运行主体；另一部分是支持高校科技成果转化运行的支撑主体。高校科技成果转化的运行主体就是直接进行科技成果转化的主体，有企业、高校和科研院所等；支撑主体就是为科技成果转化运行主体提供支持的主体，有政府管理部门、中介机构和市场组织等。

5.2.2.1 高校科技成果转化知识管理运行体系

根据第 4 章的研究可知，高校科技成果转化知识管理包括运行主体和支撑主体。运行主体包括高校、科研院所和企业，它们之间共同协作才能保证科技成果的有效转化。支撑主体则辅助科技成果有效转化。科技成果转化知识管理运行体系如图 5-4 所示。三角形区域为科技成果转化知识管理的运行主体，他们之间不断地进行知识的交流。由于各个主体之间存在着知识的势差，各个主体需要不断从对方汲取知识，补充自己的知识，减少各个主体的知识势差。三角形外部的椭圆包含的是科技成果转化的支撑主体，中介对知识流有推动作用；市场对知识流有拉动作用；政府对知识流有指导作用。外部环境对科技成果转化也有一定的影响作用，信息设施为科技成果转化提供了交流的平台，便于知识共享；技术人才是科技成果转化的主要因素，科技人才促进科技成果转化；科技成果转化需要引入外部的知识；国家宏观政策对科技成果转化有调控作用；重大的任务对科技成果转化有牵引作用；科技成果转化要与国家战略协同，促进经济发展。

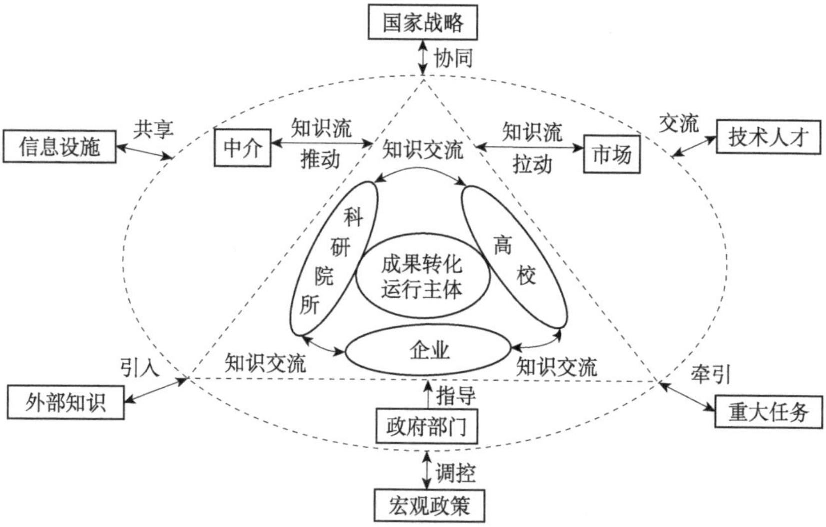

图 5-4 科技成果转化知识管理体系图

5.2.2.2 高校科技成果转化知识管理支撑体系

从图 4-2 可知，高校科技成果转化知识管理支撑体系，是指由具有支撑力的参与主体，包括市场、政府、中介等不同层面的参与主体构成的体系。高校科技成果转化知识管理支撑力，是指高校科技成果转化知识管理主体在外力的推动下，提升高校科技成果转化知识管理的动力，有效地推进高校科技成果转化活动的一系列支持力的集合。高校科技成果转化知识管理支撑体系由市场支撑、政府支撑和中介支撑等组成，如图5-5所示。

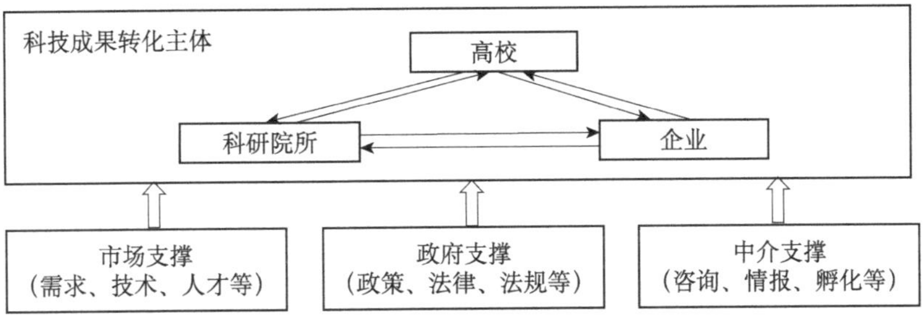

图5-5　高校科技成果转化知识管理支撑体系图

科技中介服务机构为科技成果交易提供交易场所、信息平台，以及信息检索、加工与分析、评估、经纪等服务。目前的中介机构数量少且管理不规范，使得许多大学与企业双方的信息都十分闭塞，没有一个好的中介搭桥。高校的专家靠个人力量很难找到合适的企业，企业也同样难以在高校找到自己需要的技术和人才，而且企业缺乏对新技术、新产品的科学评估机制和判断能力，仅靠专家介绍或专家鉴定很难做出投资决定。所以，中介服务机构要能够对高校的科技成果进行有效的、合理的评估，为校企合作打下良好的基础。

政府支撑除了提供政策、法律法规外，还可以建设公共研究开发平台，为科技成果转化提供技术集成、共性技术研究开发、中间试验和工业性试验、科技成果系统化和工程化开发、技术推广与示范等服务。国务院和地方各级人民政府应当加强科技、财政、投资、税收、人才、产业、金融、政府采购、军民融合等政策协同，为科技成果转化创造良好的环境。应当将高校科技成果的转化工作纳入国民经济和社会发展计划中，并积极组织协调、实施有关科技成果的转化工作，做好科技成果转化的管理与服务工作，促进科技成果快速转化。

市场支撑为科技成果转化提供人才、技术和市场的需求等支持，要进行科技成果转化需要有相应的科技人才，只有适合的科技人才才能促进科技成果转化。市场也为科技成果转化提供技术需求信息，只有掌握市场对技术的需求，才能找到好的商业化对象，便于进行科技成果转化。市场的需求决定能否进行科技成果转化，没有市场需求的科技成果不可能进行转化，只有具有广阔的市场需求，才能使科技成果产业化。

高校科技成果转化的知识管理体系是一个由科技成果持有方、科技成果接受方、政府管理部门及中介组织等机构组成的相互依存、相互制约、协同发展的对高校科技成果转化全过程进行知识管理的体系。

5.2.3 高校科技成果转化知识管理系统自组织演化模型

高校科技成果转化的知识管理系统是一个复杂的系统，具有运行边界的开放性、运行的非稳定性（远离平衡态）、运行的非线性和运行存在涨落等特性，因此，可以使用演化经济学和复杂系统理论对其进行分析。

1. 高校科技成果转化知识管理系统的开放性

一般来讲，科技成果转化涉及科技成果所有者、科技成果转化接受者、中介、政府、金融机构等，这些都是科技成果转化的主体，它们与外界环境都存在着交流，不是孤立的系统。根据复杂系统理论，主体之间的相互作用较之主体的行为更为重要。科技成果转化的实质是知识的流动，在科技成果转化知识管理系统中，知识的流动因时而异，无论是知识流还是网络，皆因时间而变化。知识流具有两种特性。第一种是乘数效应，科学知识随着时间变化，数量不断积累，知识在生产中的推动作用，不仅不存在边际递减现象，而且还可以促进创新活动，创新活动加剧，就有更多的技术创新产品进入市场，从而促进科技进步，科技进步可以推动社会经济持续稳定增长。因此，科学知识积累的作用远远超过物质资源和资本积累，它不仅促进使用价值财富增长，而且对价值财富的增长具有递增的倍加效应。第二种是溢出效应，在知识流动的过程中，会形成知识再造。从图 5-4 可以看出，各个主体之间及主体与环境之间都具有相互作用。各主体和环境之间存在着知识的流动，知识管理系统具有“流”的特征。知识流对于科技成果转化的知识管理体系的自组织演化是至关重要的。科技成果转化主体通过人才流动、学术交流及培训学习等手段和高校、科研院所、各种实验室及工程研究中心产生互动，实现科技成果转化相关知识的流入和流出。在科技成果转化知识管理体系中，知识管理平台起着非常重要的作用，它把各个主体连接起来形成一个闭环网络，这个网络使得知识可以在各个主体之间更顺畅地流动。科技成果转化管理平台的信息有市场信息、客户信息、组织信息、竞争者的信息、技术信息、政策信息及管理信息等。

2. 高校科技成果转化的知识管理系统的非稳定性

从图5-4可以看到，外部的知识对科技成果转化有一定的影响，技术知识的进步促进科技成果转化。市场的变化，要求组织不断调整战略以适应市场需求。国家政策对科技成果转化起着宏观调控的作用；人才流动也促进科技成果转化。这些外界的变化促使组织目标的改变，推动组织进入非稳定状态，技术创新引导组织远离平衡态，使得产业技术手段、技术能力和技术知识不断更新，不断发展，不断促进技术进步。

3. 高校科技成果转化的知识管理系统的非线性作用

高校科技成果转化知识管理体系的非线性作用以超循环、突变和混沌的形式表现出来。在高校科技成果转化过程中存在如图5-6所示的循环。

图5-6　科技成果超循环图

从图5-6可知，科技成果转化是周而复始、循环出现的，而不是线性的因果关系。科技成果形成、科技成果转化、技术创新可以形成各种循环系统。根据超循环理论，子系统可以汇聚成更高级的子系统。在超循环系统中，每个子系统既可以自我复制，又可以对其他子系统产生催化作用。科技成果转化超循环系统需要科技成果转化主体共同来完成。科研工作者为了生存不断地与其他个体进行信息与能量的交换，这是科技成果转化过程的第一个层次的循环；随着科技进步和市场竞争的不断加剧，单靠个人能力很难取得竞争优势，这时科研人员开始组成团队进行竞争，这是科技成果中的第二个层次的循环；依靠某个团队也很难在竞争中生存，于是开始形成了产学研联盟，共同完成科技成果的转化，这就是科技成果转化的第三层次的循环。科技成果转化只有不断循环，才能取得更大的创新，才具有更大的竞争力。

科技成果转化中存在着知识的创新，知识创新方向的选择是一个非常复杂的过程。知识创新可以是组织内部人员研究产生的结果，也可以是组织外部的刺激导致内部变更产生的创新。科技成果转化过程随着人们不断学习、交流，知识不断发生碰撞，新的思维不断产生，这种新知识产生是非连续的、相对的。要想实现创新知识，必须有一定的知识积累，而知识积累的过程是一个渐变的过程。只有当知识积累达到一定的阈值时，才有可能产生新的知识，也就是从量变到质变。对组织或联盟来讲也是如此，当组织内知识存量达到一定阈值时，创新就以突变的形式涌现出来。同理，当外界知识发展到一定程度时，会以脉冲的形式给组织以刺激，组织接受到刺激后，就会产生一个延迟反应。系统不断接受外部知识，当外部知识刺激积累到一定的阈值时，创新方向会以突变的形式在短期内形成。

在科技成果转化过程中，知识的传播、扩散是一个非常复杂的过程，显性知识和隐性知识具有不同的传播途径和渠道，知识传播的过程是难以用语言精确描述的。但是，知识的传播还是有规律可循的，即知识传播的混沌现象。组织文化、组织结构、组织环境不同，知识传播产生混沌现象的触发因素就不同。组织内知识传播的混沌行为既可以由自身的混沌产生，也可以由外界环境触发产生。只有充分了解科技成果转化知识管理体系中的混沌现象，才能更好地实现科技成果转化中的知识共享，促进科技成果转化。

4. 高校科技成果转化的知识管理系统运行的涨落现象

一个由大量子系统组成的系统，其可测的宏观量是众多子系统的统计平均效应的反映。但系统在每一时刻的实际测度并不都精确地处于这些平均值上，而是或多或少有些偏差，这些偏差就叫涨落。涨落是偶然的、杂乱无章的、随机的。在正常情况下，由于热力学系统相对于其子系统来说非常大，这时涨落相对于平均值是很小的，即使偶尔有大的涨落也会被立即耗散掉，系统总要回到平均值附近，这些涨落不会对宏观的实际测量产生影响，因而可以被忽略掉。然而，在临界点（即所谓阈值）附近，情况就大不相同了，这时的涨落可能不会自生自灭，而是被不稳定的系统放大，最后促使系统达到新的宏观态。科技成果转化知识管理系统是一个开放的、非稳定的系统，内部和外部的微小涨落通过放大机制形成巨涨落，从而完成科技成果的转化，如图 5-7 所示。

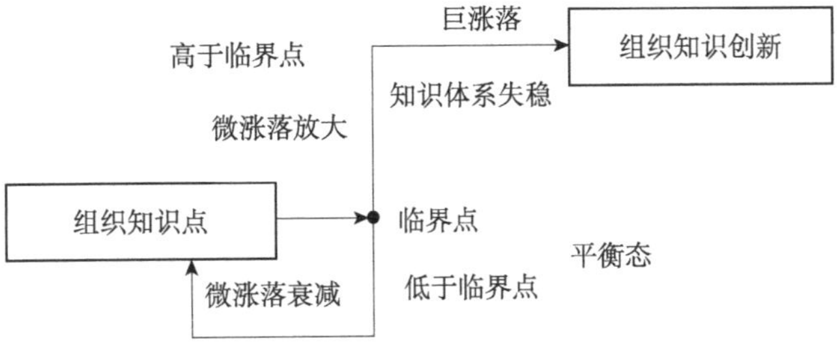

图 5-7　科技成果转化知识管理运行涨落现象图

高校科技成果转化过程中需要进行知识的共享与学习，知识的学习是科技成果转化知识管理系统知识涨落的最重要来源。通过知识的学习，组织的知识积累会发生变化，组织内的知识传播与扩散，使得知识快速发生变化，使得知识从平衡态进入失稳状态。例如，工艺设计等的任何微小创新，都可能引起最终产品的巨大差异。因此，高于临界点的微涨落都可能引起巨涨落，引起科技成果的快速转化。另外，在科技成果转化过程中的一些规则的变化也可能会引起巨涨落，如利益分配规则、风险转移规则、人才流动规则、激励机制等。外部知识的引入、方针政策的调整等也会引起巨涨落，例如，科学技术进步就是引起外部涨落的重要因素。科技进步对科技成果转化的作用途径有两条：一是科技进步的成果直接作用于科技成果，可能加速科技成果转化的速度，也可能会淘汰正在转化的科技成果；二是对科技成果的间接影响，通过学习相关技术，加速知识的积累，促进科技成果的转化。市场需求、环境变动也是引起科技成果转化知识管理系统涨落的重要因素。科技成果转化主体必须重视市场的变化和竞争者的行为，及时把相关信息反馈给相关人员，及时把握知识管理体系的涨落。科技成果转化的目的是将科技成果转化为现实生产力，提高社会效益和经济发展速度。因此，要把握科技成果转化过程的微涨落，使有利的微涨落变为巨涨落，实现技术创新。

5.3 高校科技成果转化知识管理体系评价

知识管理在科技成果转化组织中起着非常重要的作用，但是科技成果转化中的知识管理活动怎么样，却难以进行评价，因此，建立一套科学的科技成果转化知识管理绩效评价体系是非常必要的，它可以更好地了解科技成果转化过程中的知识管理情况，提高科技成果转化率，也是目前研究的一个重点课题。高校科技成果转化知识管理系统评价的结果是否较好地反映被评价对象的客观实际，主要取决于三个方面：一是评价指标体系的设置是否具有科学性、合理性和完整性；二是评价模型计算是否具有准确性和科学性；三是评价的数据是否可量化，可以准确、有效反映客观现实。量化要便于比较，便于找出科技成果转化知识管理的差距，改正科技成果转化中存在的问题。

5.3.1 高校科技成果转化知识管理体系评价指标选取的原则

1. 系统性原则

高校科技成果转化知识管理体系是一个复杂的系统，为了更好地了解系统，采用系统分析的方法进行研究。单个评价指标只是反映某方面的情况，不能反映综合性的信息。从上面的研究可知，科技成果转化由很多的主体组成，涉及很多的系统，所以，本书采用综合性指标，以保证评价的系统性和全面性。

2. 科学性原则

评价指标体系的建立必须要具有科学性，换句话说就是要有充足的理论基础，这是建立系统评价指标的根本。如果高校科技成果转化知识管理体系的评价指标缺乏科学性，那么评价结果则会影响整个评价考核的效用。根据该条原则建立的评价指标体系，既要保证数据收集方便，又要尽可能地做到规范、实用，重点挑选具有代表性的指标，真实地反映“高校科技成果转化知识管理体系”的状况。确立的指标要具有代表性，既不能过于复杂，使数据收集难度增大，也不能过于简单，无法真实地反映“高校科技成果转化知识管理体系”的整体水平。

3. 可操作性原则

评价指标体系必须具有可操作性，要充分考虑所建指标的可测性，并且保证数据的可收集性。指标体系的建立要考虑质与量的充分结合，既要考虑理论的可行性，又要考虑实际的可操作性，所以，指标的可操作性是确定指标的一个关键点。在确立高校科技成果转化知识管理体系指标时，虽然有的指标在理论分析过程中是必不可少的，但是数据收集和量化比较困难，实际操作性较差，这样的指标就不能选择。另外，在确立指标时要考虑主观指标和客观指标的搭配比例，尽量减少主观指标和设计的新指标的数量。增大客观指标的比例，使指标体系的客观性增强，减少相关的指标数据收集难度，进而加大整个指标体系的可操作性。在收集指标数据的时候，尽可能地使用国家统计局和学术界公认的常用指标，便于从各种统计年鉴中收集数据，这样既可以保证数据的可靠性，又可以减少数据收集的工作量，大大提高工作效率。

4. 合理性原则

评价指标体系的建立要切实考虑其合理性，建立的指标体系要对现在及将来一段时间高校科技成果转化知识管理起指导作用。所以，在建立指标体系过程中，要充分结合高校科技成果转化知识管理的现实状况，使所建立的指标体系具有针对性和实用性。指标体系的合理性原则还体现在所选指标的延续性和灵敏性上，及时考察高校科技成果转化知识管理各个要素的动态变化情况，使指标能够准确反映高校科技成果转化知识管理的情况。

5. 可比性原则

任何指标评价体系都应该具有很强的可比性，评价的过程实际上就是一个对比的过程，因此，指标体系的可比性是选取指标的基础，也是前提。指标体系的可比性主要包括两个方面。一是所选取的评价指标在时间上和空间上具有可比性，那些随时间变化差异不大的指标，在不同的地理空间差别较小或变化不明显的指标，尽可能不要列入高校科技成果转化知识管理评价指标体系。如果可比性较小的指标由于某些原因必须列入，那么在赋予权重的阶段，应该慎重考虑其权重大小，尽量赋予较小权重。二是在指标进行比较时尽量采用相对数、比例数、指数和平均数等，使数据的科学性较强，能够看出所需指标的变化情况。

6. 完整性原则

在确定高校科技成果转化知识管理评价指标时，既要考虑动态指标，也要考虑静态指标，要全面反映高校科技成果转化知识管理状况。静态指标是指在一定的时间内基本不变的指标，动态指标是指随着时间和空间发生变化的指标。静态指标可以反映长期的发展情况，动态指标反映随着时间和空间的变化，高校科技成果转化知识管理的变化情况，便于进行横向和纵向比较。

5.3.2 高校科技成果转化知识管理绩效评价体系构建

5.3.2.1 现有高校科技成果转化知识管理评价

由于科技成果转化知识管理的研究相对较少，关于高校科技成果转化知识管理评价研究的文献就更少。有些学者从不同角度研究了知识管理绩效评价问题，如曹霞和喻登科从绩效的本源、本体和本旨进行评价 [90]；要瑞璞基于时序模糊模式识别高校科技成果转化，并进行了评价 [91]。这些评价都具有合理性，但是这些评价局限于某个角度或某个层次，没有考虑到知识的抽象性和高校科技成果转化知识管理的复杂性。根据高校科技成果转化知识管理运行体系和支撑体系的研究可以发现，高校科技成果转化的主体是协同创新的，科技成果转化受到市场导向、宏观调控、转化渠道、转化投入、转化风险等多方面的影响，所以高校科技成果转化知识管理评价应该采用多角度、多方位综合评价。

5.3.2.2 高校科技成果转化知识管理体系评价指标确立标准

通过前面的研究可知，高校科技成果转化知识管理体系包括运行体系和支撑体系，我们知道高校科技成果转化知识管理成功与否的重要标准是组织知识管理实施的绩效。为了更好地进行评价，首先要明确评价的对象，科技成果转化是一个动态过程，在转化的过程中不但涉及知识的流动，还涉及对知识的管理，不但涉及转化后的结果，还涉及转化的过程，科技成果转化过程顺畅就会增加科技成果转化的成功率。所以，科技成果转化知识管理体系的评价对象是知识和知识管理，既要研究科技成果转化后知识或知识管理产生的结果，还要研究其转化的中间态，高校科技成果转化知识管理的评价框架如图 5-8 所示。对于高校科技成果转化知识管理的中间态和结果态进行合理评价，可以动态地反映出科技成果转化知识管理的变化发展情况。

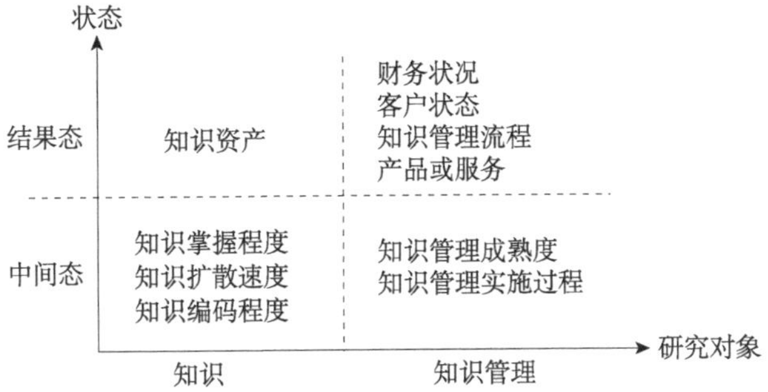

图 5-8　科技成果转化知识和知识管理评价框架图

5.3.2.3　高校科技成果转化知识管理体系绩效评价指标构建

根据第 3 章的研究，以及图 4-7 高校科技成果转化知识增值作用机理可以发现，高校科技成果转化需要主体从外部获取知识，有效地利用外部知识的能力是进行科技成果有效转化、创造价值的重要基础。外部知识管理决定了高校科技成果转化的发展方向，外部的知识管理是非常重要的。知识管理平台是高校科技成果转化学习、共享、创新的基础，知识管理平台对科技成果转化起着举足轻重的作用，是知识管理体系评价的主要指标。知识的学习、共享和创新贯穿于科技成果转化的全过程，是知识管理的主要内容。所以，高校科技成果转化知识管理体系绩效评价包括外部知识管理、阶段知识管理、协同知识管理、知识管理平台、知识管理技术支持、知识管理过程要素整合等多个方面。

1. 外部知识管理

高校要进行科技成果转化首先要了解市场和企业的需求，所以要有强大的搜寻能力，能够快速、有效地搜寻到外部的知识源，从外部知识源获取自身所需要的互补性知识或增强性知识。外部知识管理实现的手段是知识地图和知识库，所以要建立完善的知识地图和知识库。外部知识管理的指标如图 5-9 所示。

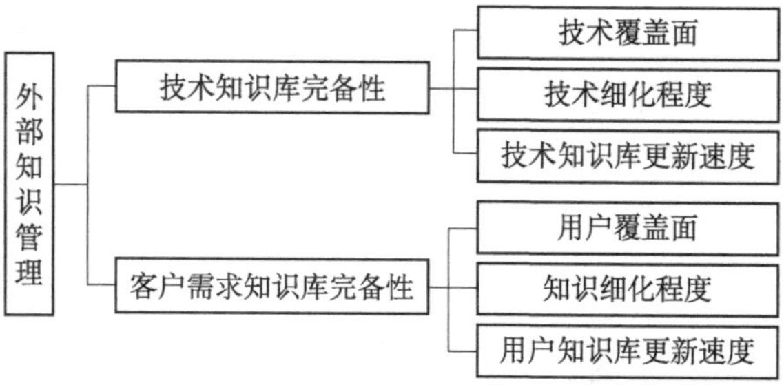

图 5-9　外部知识管理评价指标图

2. 阶段知识管理

高校科技成果转化包括三个阶段，即科技成果转化的确立阶段、试验阶段、生产及产业化阶段。每个阶段都需要进行设计，每个阶段的设计性知识管理直接关系到科技成果转化的成败。在科技成果转化确立阶段，需要判断设计知识识别与获取的完备性；在科技成果转化试验阶段，需要判断设计知识共享与学习的完备性；在生产及产业化阶段，需要判断设计知识整合与创新的完备性等。阶段知识管理的评价指标如图 5-10 所示。

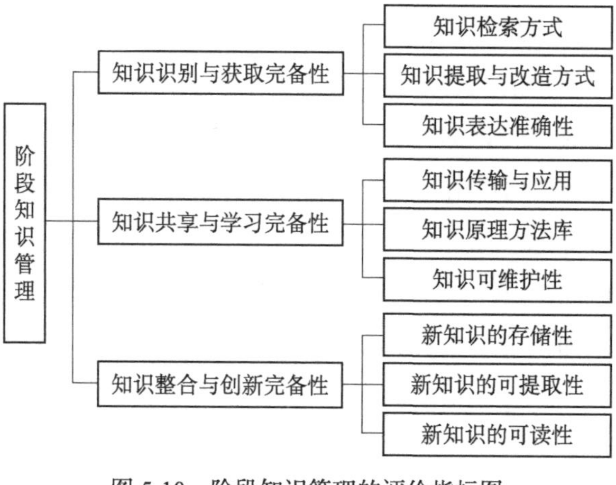

图 5-10　阶段知识管理的评价指标图

3. 协同知识管理

高校科技成果转化需要高校、科研院所和企业共同协作，尤其是在科技成果转化试验和生产及产业化阶段，更需要每个主体协同各自的知识，知识在各个主体之间进行转移，主要是互补性的知识。知识的转移主要是因为各个主体之间存在着知识的势差，知识的势差决定了知识转移的方向，互补性知识的转移需要主体间有效的协同知识管理。这些协同知识管理包括知识需求与响应、知识转移意愿、知识的扩散性、知识的迭代性等。协同知识管理的评价指标如图 5-11 所示。

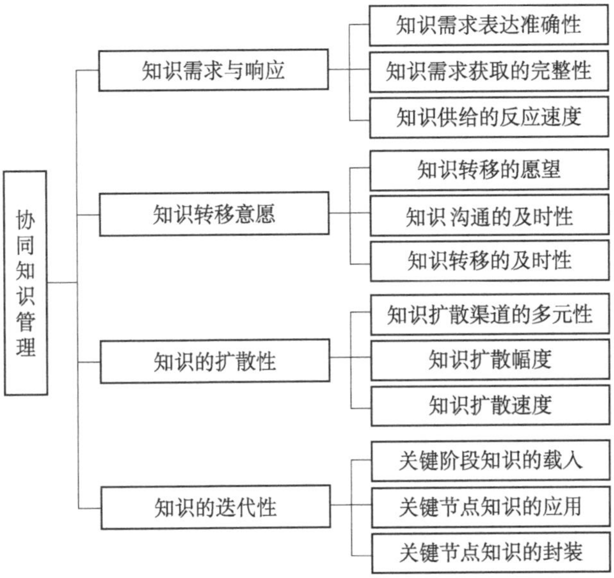

图 5-11 协同知识管理的评价指标图

4. 知识管理平台

高校科技成果转化需要由高校、科研院所、企业、政府部门和中介等多个主体共同完成，主体间为了更好地进行交流，高校为了宣传自己的科技成果等，都需要有一个好的网络交互平台。从图 4-2 可以发现，为了应对外部环境的变化、为了更好地促进科技成果转化，需要有一个公共技术平台，这个平台的功能主要是对知识的管理，也可以叫作知识管理平台。这个平台需要知识管理门户、知识协同网络、知识协作发现层和知识应用集成层等，因此，需要从这几个方面对其进行评价。知识管理平台的评价指标如图 5-12 所示。

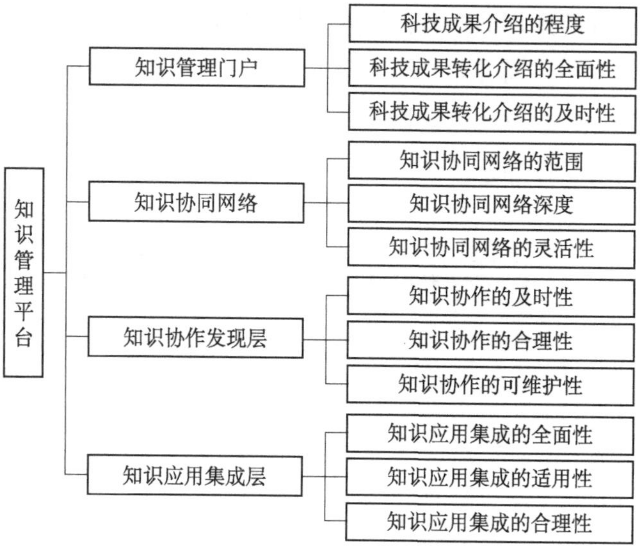

图 5-12　知识管理平台评价指标图

5. 知识管理技术支持

知识管理平台需要不断地进行更新，协同创新知识管理需要技术的支撑，技术支持主要包括知识管理系统硬软件、知识管理系统功能、知识管理系统可维护性等。知识管理技术支持的评价指标如图 5-13 所示。

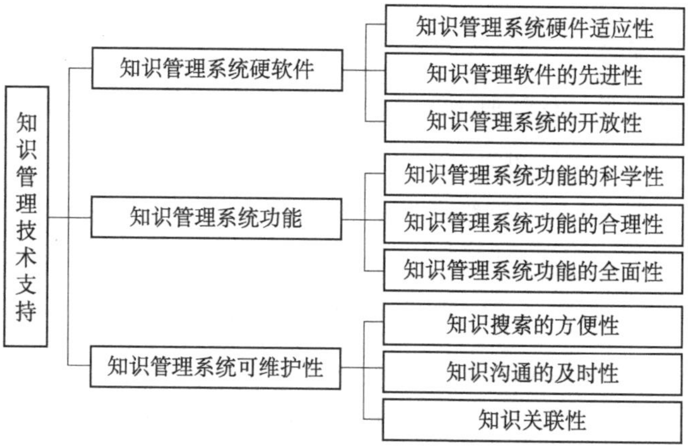

图 5-13　知识管理技术支持评价指标图

6. 知识管理过程要素整合

高校科技成果转化知识管理是一个综合性的系统，涉及科技成果转化的整个生命周期，因此，需要对高校科技成果转化进行知识管理过程的要素整合，通过要素整合，可以更好地对全生命周期的科技成果转化过程的知识管理进行梳理，保证高校科技成果转化知识管理的全面化、规范化和科学化。知识管理过程要素整合评价指标如图 5-14 所示。

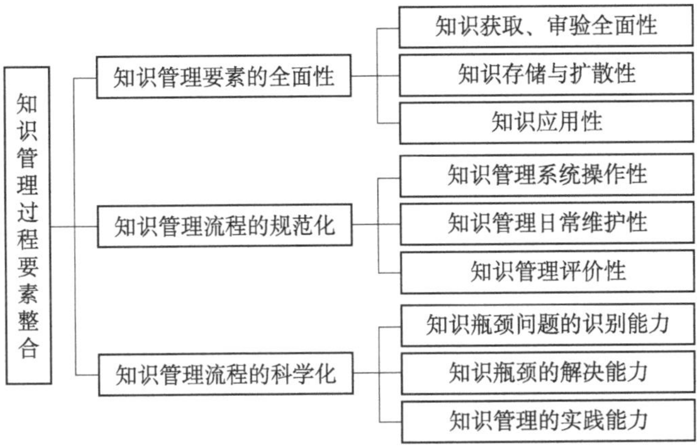

图 5-14 知识管理过程要素整合能力评价指标图

5.3.3 高校科技成果转化知识管理体系评价模型

高校科技成果转化知识管理体系评价是一个多层次、多维度、多因素的评价问题，很难用精确的定量方法进行评价，根据系统自身的特点，以及对现有的评价方法的研究，我们采用多层次模糊综合评价方法进行评价。多层次模糊综合评价方法是综合运用层次分析法和模糊综合评价方法来进行多因素、多维度、多层次评价的方法。模糊综合评价就是采用模糊数学的概念，对实际的情况进行综合性评价的方法。也就是说，模糊综合评价是根据模糊数学理论，应用模糊的关系进行合成，将那些边界不清楚、不容易进行定量处理的因素进行定量化处理，从多个因素与被评价事物的隶属等级情况来进行综合性评价的一种方法。多层次模糊综合评价方法可以解决高校科技成果转化知识管理体系多维度、多层次、多因素的评价问题。模糊综合评判法需要确定评价因素和评价等级，确定评判对象的权重，以便决策。

5.3.3.1 层次分析法确定指标权重

确定指标权重方法可以采用德尔菲法，通过对专家调查，不断地对问题进行分解，将问题分解为不同的要素，然后根据目标层的要素，分解为准则层，再划分为指标层，最后形成一个多层次分析的结构模型。

根据专家调查，建立判断矩阵。首先要确定指标重要性标度准则，一般可以采用 Satty 的标度方法。确定了标度准则，就可以对同一层指标的重要性进行两两比较，然后建立判断矩阵，进行各层的因子权重计算，进行一致性检验，如果不满足一致性检验，就需要对同一层次指标的重要性重新进行比较，直到满足一致性的检验要求。权重的计算流程如图 5-15 所示。

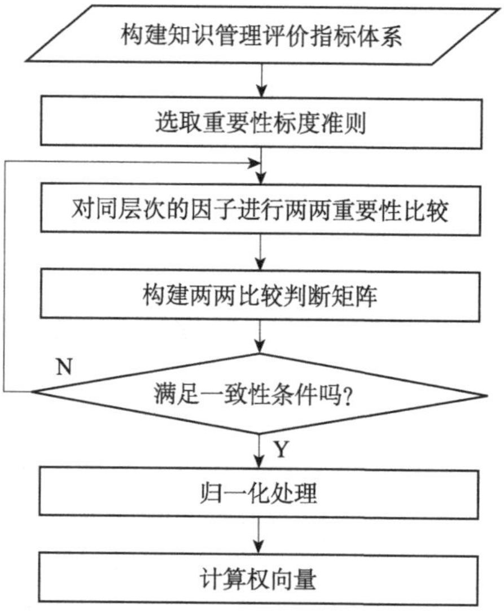

图 5-15 权重的计算流程图

5.3.3.2 多层次模糊综合评价

具体模型如下。

1. 建立评价因素集

设评价因素集为 U，则：

$$U = \{u_1, u_2, \cdots, u_m\} \tag{5-1}$$

式中，m 为评价对象的个数。

2. 建立评语集

各级指标的权重采用层次分析法来确定。每层的各因素，按其重要程度可划分为不同的等级，可以采用五级定量的方法，即相等、弱、强、很强、极强，相应的赋值分别为1，3，5，7，9，而两个因素反过来的对比情况则用倒数值来表示。评语集为

$$V=\{v_1,v_2,\cdots,v_n\} \tag{5-2}$$

式中，n 为评价等级的个数。

3. 确定权重集

因素 u_i 被赋予的权重为 a_i，权重集为

$$A=\left(a_1,a_2,\cdots,a_n\right) \tag{5-3}$$

权重的计算采用层次分析法确定。

4. 模糊综合评价矩阵

使用层次分析法来取得权重，对各因素集中的单因素 u_i 做单因素评判，从因素 u_i 来对该事物进行评判等级 v_j 的隶属度为 r_{ij}，可以得出第 i 个因素 u_i 的单因素的评判集：

$$r_i=(r_{i1},r_{i2},\cdots,\ r_{im}) \tag{5-4}$$

m 个因素的评价集就可以构造出一个评判矩阵 R。每一个被评价对象确定了从 U 到 V 的模糊关系 R。

从 U 到 V 的模糊关系 R，是一个矩阵：

$$R=(r_{ij})_{m\times n}=\begin{bmatrix} r_{11} & r_{12} & \cdots & r_{1n} \\ r_{21} & r_{22} & \cdots & r_{2n} \\ \vdots & \vdots & & \vdots \\ r_{m1} & r_{m2} & \cdots & r_{mn} \end{bmatrix} \tag{5-5}$$

式中，r_{ij} 表示从因素 u_i 出发，该评判对象可以被评为 v_j 的隶属度。也就是说，r_{ij} 表示第 i 个因素 u_i 在第 j 个评语 v_j 的频率分布。通常还要做归一化处理，使得 $\sum_{j=1}^{n} ij=1$。R 矩阵本身并没有量纲的，不需专门处理。得到的模糊矩阵，还不能对事物做出评判。

5. 进行模糊合成并进行决策

R 中不同的行代表某个被评价对象从不同单因素角度来对各等级的模糊子集的隶属程度。用模糊权向量 A 对不同的行进行处理，可得到该被评对象总体意义上对各等级模糊子集的隶属程度，即模糊综合评价向量 B。

$$B=(b_1,b_2,\cdots,b_m)=A\times R=(a_1,a_2,\cdots,a_n)\times\begin{bmatrix} r_{11} & r_{12} & \cdots & r_{1m} \\ r_{21} & r_{22} & \cdots & r_{2m} \\ \vdots & \vdots & & \vdots \\ r_{n1} & r_{n2} & \cdots & r_{nm} \end{bmatrix} \quad (5\text{-}6)$$

式中，$b_j=\vee(a_i\wedge r_{ij}),0\leqslant b_j\leqslant 1, j=1,2,\cdots,m$ 。

模糊综合评价的流程如图 5-16 所示。

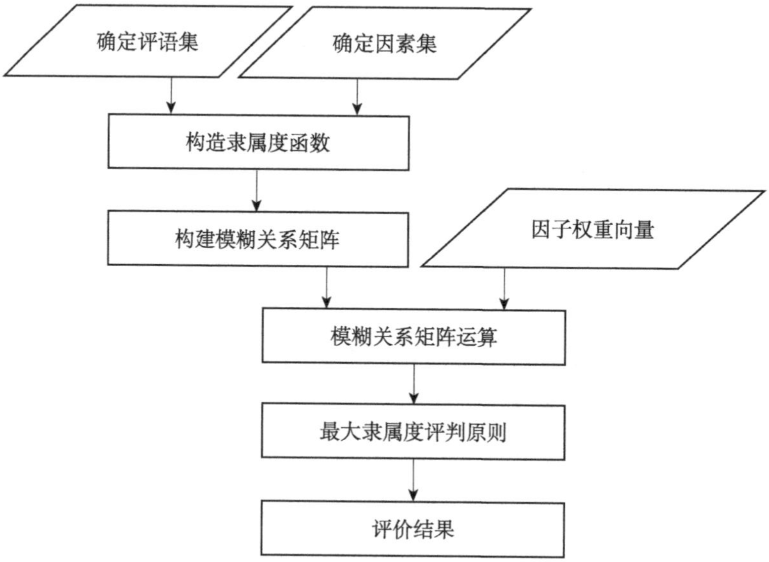

图 5-16　模糊综合评价流程图

5.3.4　高校科技成果转化知识管理体系评价实证

以某高校科技成果转化为例进行高校科技成果转化知识管理体系实际评价。评价指标如表 5-1 所示。

表 5-1　高校科技成果转化知识管理体系评价指标

一级指标	二级指标	三级指标
外部知识管理（U_1）	技术知识库完备性（U_{11}）	技术覆盖面（U_{111}）
		技术细化程度（U_{112}）
		知识库更新速度（U_{113}）
	客户需求知识库完备性（U_{12}）	用户覆盖面（U_{121}）
		知识细化程度（U_{122}）
		知识库更新速度（U_{123}）
阶段知识管理（U_2）	知识识别与获取完备性（U_{21}）	知识检索方式（U_{211}）
		知识提取与改造方式（U_{212}）
		知识表达准确性（U_{213}）
	知识共享与学习完备性（U_{22}）	知识传输与应用（U_{221}）
		知识原理方法库（U_{222}）
		知识可维护性（U_{223}）
	知识整合与创新完备性（U_{23}）	新知识的存储性（U_{231}）
		新知识的可提取性（U_{232}）
		新知识的可读性（U_{233}）
协同知识管理（U_3）	知识需求与响应（U_{31}）	知识需求表达准确性（U_{311}）
		知识需求获取的完整性（U_{312}）
		知识供给的反应速度（U_{313}）
	知识转移意愿（U_{32}）	知识转移的愿望（U_{321}）
		知识沟通的及时性（U_{322}）
		知识转移的及时性（U_{323}）
	知识的扩散性（U_{33}）	知识扩散渠道的多元性（U_{331}）
		知识扩散幅度（U_{332}）
		知识扩散速度（U_{333}）
	知识的迭代性（U_{34}）	关键阶段知识的载入（U_{341}）
		关键节点知识的应用（U_{342}）
		关键节点知识的封装（U_{343}）
知识管理平台（U_4）	知识管理门户（U_{41}）	科技成果介绍的程度（U_{411}）
		科技成果转化介绍的全面性（U_{412}）
		科技成果转化介绍的及时性（U_{413}）
	知识协同网络（U_{42}）	知识协同网络的范围（U_{421}）
		知识协同网络深度（U_{422}）
		知识协同网络的灵活性（U_{423}）
	知识协作发现层（U_{43}）	知识协作的及时性（U_{431}）
		知识协作的合理性（U_{432}）
		知识协作的可维护性（U_{433}）
	知识应用集成层（U_{44}）	知识应用集成的全面性（U_{441}）
		知识应用集成的适用性（U_{442}）
		知识应用集成的合理性（U_{443}）

续表

一级指标	二级指标	三级指标
知识管理技术支持（U_5）	知识管理系统硬软件（U_{51}）	知识管理系统硬件适应性（U_{511}）
		知识管理软件的先进性（U_{512}）
		知识管理系统的开放性（U_{513}）
	知识管理系统功能（U_{52}）	知识管理系统功能的科学性（U_{521}）
		知识管理系统功能的合理性（U_{522}）
		知识管理系统功能的全面性（U_{523}）
	知识管理系统可维护性（U_{53}）	知识搜索的方便性（U_{531}）
		知识沟通的及时性（U_{532}）
		知识关联性（U_{533}）
知识管理过程要素整合（U_6）	知识管理要素的全面性（U_{61}）	知识获取、审验全面性（U_{611}）
		知识存储与扩散性（U_{612}）
		知识应用性（U_{613}）
	知识管理流程的规范化（U_{62}）	知识管理系统操作性（U_{621}）
		知识管理日常维护性（U_{622}）
		知识管理评价性（U_{623}）
	知识管理流程的科学化（U_{63}）	知识瓶颈问题的识别能力（U_{631}）
		知识瓶颈的解决能力（U_{632}）
		知识管理的实践能力（U_{633}）

1. 评价因素集

从表 5-1 可知，高校科技成果转化知识管理评价因素分为三层指标体系：第一层有 6 个指标；第二层有 19 个指标；第三层有 58 个指标。

2. 评语集

评语收集采用调查问卷的形式，让专家们对每个三级指标进行评价。评语集为

$$V=\{v_1,v_2,v_3,v_4,v_5\}=\{\text{非常合适，合适，一般，不合适，很不合适}\} \quad (5\text{-}7)$$

各因素的评语指标隶属度计算采用如下公式：

$$r_{ij}=\frac{m_{ij}}{n} \quad (5\text{-}8)$$

式中，r_{ij} 是指因素 u_i 被评为 v_j 的隶属度；m_{ij} 是指因素 u_i 被评为 v_j 的有效问卷数；n 是指有效问卷总数。

3. 收集数据

根据专家的评价意见，进行统计。选取的专家为企业研发中心、高校、

科研院所、企业生产、销售等部门的高层管理人员。利用式（5-7）及式（5-8）对专家评价结果进行统计处理，确定 r_{ij}，形成评价矩阵。通过对专家问卷进行统计，选取了20份有效的问卷，各个评语集如表5-2所示。

表5-2　高校科技成果转化知识管理评价指标统计值

指标	非常合适	合适	一般	不合适	很不合适
技术覆盖面（U_{111}）	2	17	1	0	0
技术细化程度（U_{112}）	1	16	3	0	0
知识库更新速度（U_{113}）	1	18	1	0	0
用户覆盖面（U_{121}）	0	19	1	0	0
知识细化程度（U_{122}）	1	16	3	0	0
知识库更新速度（U_{123}）	1	17	2	0	0
知识检索方式（U_{211}）	1	18	1	0	0
知识提取与改造方式（U_{212}）	0	19	1	0	0
知识表达准确性（U_{213}）	0	18	2	0	0
知识传输与应用（U_{221}）	1	18	1	0	0
知识原理方法库（U_{222}）	1	17	2	0	0
知识可维护性（U_{223}）	1	18	1	0	0
新知识的存储性（U_{231}）	0	18	2	0	0
新知识的可提取性（U_{232}）	1	17	2	0	0
新知识的可读性（U_{233}）	2	18	0	0	0
知识需求表达准确性（U_{311}）	1	18	1	0	0
知识需求获取的完整性（U_{312}）	1	17	2	0	0
知识供给的反应速度（U_{313}）	0	17	3	0	0
知识转移的愿望（U_{321}）	1	18	1	0	0
知识沟通及时性（U_{322}）	0	18	2	0	0
知识转移的及时性（U_{323}）	1	17	2	0	0
知识扩散渠道的多元性（U_{331}）	1	18	1	0	0
知识扩散幅度（U_{332}）	0	17	3	0	0
知识扩散速度（U_{333}）	0	16	4	0	0
关键阶段知识的载入（U_{341}）	0	15	5	0	0
关键节点知识的应用（U_{342}）	0	16	4	0	0
关键节点知识的封装（U_{343}）	0	17	3	0	0
科技成果介绍的程度（U_{411}）	0	18	2	0	0
科技成果转化介绍的全面性（U_{412}）	1	17	2	0	0
科技成果转化介绍的及时性（U_{413}）	0	18	2	0	0
知识协同网络的范围（U_{421}）	0	17	3	0	0
知识协同网络深度（U_{422}）	0	18	2	0	0
知识协同网络的灵活性（U_{423}）	0	17	3	0	0

续表

指标	非常合适	合适	一般	不合适	很不合适
知识协作的及时性（U_{431}）	1	17	2	0	0
知识协作的合理性（U_{432}）	0	18	2	0	0
知识协作的可维护性（U_{433}）	0	19	1	0	0
知识应用集成的全面性（U_{441}）	0	18	2	0	0
知识应用集成的适用性（U_{442}）	0	19	1	0	0
知识应用集成的合理性（U_{443}）	1	18	1	0	0
知识管理系统硬件适应性（U_{511}）	1	17	2	0	0
知识管理软件的先进性（U_{512}）	0	18	2	0	0
知识管理系统的开放性（U_{513}）	1	18	1	0	0
知识管理系统功能的科学性（U_{521}）	0	18	2	0	0
知识管理系统功能的合理性（U_{522}）	1	17	2	0	0
知识管理系统功能的全面性（U_{523}）	1	17	2	0	0
知识搜索的方便性（U_{531}）	0	18	2	0	0
知识沟通的及时性（U_{532}）	0	17	3	0	0
知识关联性（U_{533}）	1	17	2	0	0
知识获取、审验全面性（U_{611}）	1	18	1	0	0
知识存储与扩散性（U_{612}）	1	17	2	0	0
知识应用性（U_{613}）	1	18	1	0	0
知识管理系统操作性（U_{621}）	1	18	1	0	0
知识管理日常维护性（U_{622}）	0	17	3	0	0
知识管理评价性（U_{623}）	0	16	4	0	0
知识瓶颈问题的识别能力（U_{631}）	0	15	5	0	0
知识瓶颈的解决能力（U_{632}）	0	17	3	0	0
知识管理的实践能力（U_{633}）	1	17	2	0	0

4. 构建模糊关系矩阵

根据上面的统计数据，进行处理，得到模糊关系矩阵。

R_{11} 关系矩阵如下：

$$R_{11}=\begin{bmatrix}0.10 & 0.85 & 0.05 & 0.00 & 0.00\\ 0.05 & 0.80 & 0.15 & 0.00 & 0.00\\ 0.05 & 0.90 & 0.05 & 0.00 & 0.00\end{bmatrix}$$

R_{12} 关系矩阵如下：

$$R_{12}=\begin{bmatrix}0.00 & 0.95 & 0.05 & 0.00 & 0.00\\ 0.05 & 0.80 & 0.15 & 0.00 & 0.00\\ 0.05 & 0.85 & 0.10 & 0.00 & 0.00\end{bmatrix}$$

R_{21} 关系矩阵如下：

$$R_{21}=\begin{bmatrix}0.05 & 0.90 & 0.05 & 0.00 & 0.00\\0.00 & 0.95 & 0.05 & 0.00 & 0.00\\0.00 & 0.90 & 0.10 & 0.00 & 0.00\end{bmatrix}$$

R_{22} 关系矩阵如下：

$$R_{22}=\begin{bmatrix}0.05 & 0.90 & 0.05 & 0.00 & 0.00\\0.05 & 0.85 & 0.10 & 0.00 & 0.00\\0.05 & 0.90 & 0.05 & 0.00 & 0.00\end{bmatrix}$$

R_{23} 关系矩阵如下：

$$R_{23}=\begin{bmatrix}0.00 & 0.90 & 0.10 & 0.00 & 0.00\\0.05 & 0.85 & 0.10 & 0.00 & 0.00\\0.10 & 0.90 & 0.00 & 0.00 & 0.00\end{bmatrix}$$

R_{31} 关系矩阵如下：

$$R_{31}=\begin{bmatrix}0.05 & 0.90 & 0.05 & 0.00 & 0.00\\0.05 & 0.85 & 0.10 & 0.00 & 0.00\\0.00 & 0.85 & 0.15 & 0.00 & 0.00\end{bmatrix}$$

R_{32} 关系矩阵如下：

$$R_{32}=\begin{bmatrix}0.05 & 0.90 & 0.05 & 0.00 & 0.00\\0.00 & 0.90 & 0.10 & 0.00 & 0.00\\0.05 & 0.85 & 0.10 & 0.00 & 0.00\end{bmatrix}$$

R_{33} 关系矩阵如下：

$$R_{33}=\begin{bmatrix}0.05 & 0.90 & 0.05 & 0.00 & 0.00\\0.00 & 0.85 & 0.15 & 0.00 & 0.00\\0.00 & 0.80 & 0.20 & 0.00 & 0.00\end{bmatrix}$$

R_{34} 关系矩阵如下：

$$R_{34}=\begin{bmatrix}0.00 & 0.75 & 0.25 & 0.00 & 0.00\\0.00 & 0.80 & 0.20 & 0.00 & 0.00\\0.00 & 0.85 & 0.15 & 0.00 & 0.00\end{bmatrix}$$

R_{41} 关系矩阵如下：

$$R_{41}=\begin{bmatrix}0.00 & 0.90 & 0.10 & 0.00 & 0.00\\0.05 & 0.85 & 0.10 & 0.00 & 0.00\\0.00 & 0.90 & 0.10 & 0.00 & 0.00\end{bmatrix}$$

R_{42} 关系矩阵如下：

$$R_{42}=\begin{bmatrix}0.00 & 0.85 & 0.15 & 0.00 & 0.00\\0.00 & 0.90 & 0.10 & 0.00 & 0.00\\0.00 & 0.85 & 0.05 & 0.00 & 0.00\end{bmatrix}$$

R_{43} 关系矩阵如下：

$$R_{43}=\begin{bmatrix}0.05 & 0.85 & 0.10 & 0.00 & 0.00\\0.00 & 0.90 & 0.10 & 0.00 & 0.00\\0.00 & 0.95 & 0.05 & 0.00 & 0.00\end{bmatrix}$$

R_{44} 关系矩阵如下：

$$R_{44}=\begin{bmatrix}0.00 & 0.90 & 0.10 & 0.00 & 0.00\\0.00 & 0.95 & 0.05 & 0.00 & 0.00\\0.05 & 0.90 & 0.05 & 0.00 & 0.00\end{bmatrix}$$

R_{51} 关系矩阵如下：

$$R_{51}=\begin{bmatrix}0.05 & 0.85 & 0.10 & 0.00 & 0.00\\0.00 & 0.90 & 0.10 & 0.00 & 0.00\\0.05 & 0.90 & 0.05 & 0.00 & 0.00\end{bmatrix}$$

R_{52} 关系矩阵如下：

$$R_{52}=\begin{bmatrix}0.00 & 0.90 & 0.10 & 0.00 & 0.00\\0.05 & 0.85 & 0.10 & 0.00 & 0.00\\0.05 & 0.85 & 0.10 & 0.00 & 0.00\end{bmatrix}$$

R_{53} 关系矩阵如下：

$$R_{53}=\begin{bmatrix}0.00 & 0.90 & 0.10 & 0.00 & 0.00\\0.00 & 0.85 & 0.15 & 0.00 & 0.00\\0.05 & 0.85 & 0.10 & 0.00 & 0.00\end{bmatrix}$$

R_{61} 关系矩阵如下：

$$R_{61}=\begin{bmatrix}0.05 & 0.90 & 0.05 & 0.00 & 0.00\\0.05 & 0.85 & 0.10 & 0.00 & 0.00\\0.05 & 0.90 & 0.05 & 0.00 & 0.00\end{bmatrix}$$

R_{62} 关系矩阵如下：

$$R_{62}=\begin{bmatrix}0.05 & 0.90 & 0.05 & 0.00 & 0.00\\0.00 & 0.85 & 0.15 & 0.00 & 0.00\\0.00 & 0.80 & 0.20 & 0.00 & 0.00\end{bmatrix}$$

R_{63} 关系矩阵如下：

$$R_{63}=\begin{bmatrix}0.00 & 0.75 & 0.25 & 0.00 & 0.00\\ 0.00 & 0.85 & 0.15 & 0.00 & 0.00\\ 0.05 & 0.85 & 0.10 & 0.00 & 0.00\end{bmatrix}$$

5. 模糊综合评价

根据专家的评价意见，算出第三层的数据，然后作为第二层的输入，再算出第二层的结果，利用第二层的结果作为第一层的输入，算出最后的结果。

计算过程比较复杂，在此仅给出最后的结果：

$$b=(0.150,\ 0.165,\ 0.166,\ 0.189,\ 0.165,\ 0.165)\begin{bmatrix}0.162 & 0.231 & 0.211 & 0.000 & 0.000\\ 0.168 & 0.245 & 0.256 & 0.000 & 0.000\\ 0.156 & 0.228 & 0.249 & 0.000 & 0.000\\ 0.186 & 0.665 & 0.145 & 0.000 & 0.000\\ 0.441 & 0.114 & 0.124 & 0.000 & 0.000\\ 0.164 & 0.147 & 0.159 & 0.000 & 0.000\end{bmatrix}$$

$$=(0.155,\ 0.225,\ 0.441,\ 0.034,\ 0.231,\ 0.112)$$

从计算结果可以看出，采用模糊综合评价方法进行评价后，隶属度最高的为 0.441，其次为 0.231，说明该高校科技成果转化知识管理的协同知识管理和知识管理技术支持比较好。计算结果基本上符合该高校科技成果转化知识管理的实际情况。研究表明，只有提高外部知识管理、阶段知识管理、协同知识管理、知识管理平台、知识管理技术支持和知识管理过程要素整合能力，才能更好地提高科技成果转化知识管理的绩效。

第 6 章

提高高校科技成果转化效率和知识管理绩效的对策研究

6.1 高校科技成果转化现状

无论是发达国家还是发展中国家，都在探讨如何使科技成果有效地从潜在生产力转化为现实生产力。

6.1.1 国外高校科技成果转化现状

6.1.1.1 美国高校科技成果转化现状

从 1995 年起，美国大学技术经理人协会每年都开展一次技术许可年度调查，美国大学技术经理人协会从 2001 年起对美国 200 所高校进行调查，这些高校基本涵盖了美国所有的研究型大学。该协会对专利许可收入、高校研发经费及来自企业的资金等指标进行调查，如表 6-1 所示。其中，美国高校科技成果转化类收入（B 和 C）占研发经费（A）的比例为 11%～12%。高校科技成果转化已经为美国经济带来了相当可观的经济效益，科技成果转化率高是与美国完善的法律法规体系、政府职能的转变、成熟的中介服务组织及强大的资本支持等密不可分的。

表 6-1　美国高校科技成果情况　　（单位：亿美元）

年份	研发支出（A）	来自企业的经费（B）	专利许可收入（C）
2010	628.8	49.5	24.0
2011	610.0	40.0	25.0
2012	637.0	41.0	26.0
2013	629.0	41.5	27.0
2014	638.0	42.0	27.8

资料来源：美国大学技术经理人协会调查报告

1. 法律体系的支撑

美国非常重视法律法规的建设，20 世纪 80 年代为了扭转科技成果转化率低的局面，其先后出台了一系列的法律法规[92]，如表 6-2 所示。这些法律法规的颁布，使得科技成果转化有法可依，为科技成果转化提供了政策与法律环境方面的技术转让良好发展条件。

表 6-2　美国科技成果转化相关法律汇总表

年份	法律名称	法律内容
1980	《史蒂文森－怀德勒技术创新法》（*Stevenson-Wydler Act*）	将“技术转移”确定为联邦政府的一项职责，以联邦实验室为规范客体，允许联邦实验室将技术转移给产业界
1980	《拜杜法案》（*Bayh-Dole Act*）	设立了小企业创新研究计划，允许小企业、大学或者非营利机构获得发明（政府出资资助）的所有权
1982	《小企业创新发展法》（*Small Business Innovation Development Act*）	创设小企业创新发展研究（SBIR）计划，该计划要求联邦机构要为对其任务相关的小企业科研提供资金支持
1984	《国家合作研究法》（*National Cooperative Research Act*）	成立大学和企业的技术转移联盟，建立一个合理的机制来评估合作研究的反垄断影响，鼓励企业在通用领域共同合作研发
1984	《专利和商标说明法》（*Patent and Trademark Clarification Act*）	是对《拜杜法案》和《史蒂文森－怀德勒技术创新法》的部分条款进行的修订
1986	《联邦技术转移法》（*Federal Technology Transfer Act*）	对《史蒂文森－怀德勒技术创新法》进行修订，允许联邦实验室通过合作开发协议（CRADA）与外界合作
1987	《12591 号行政命令》（*Executive Order 12591*）	确保联邦实验室和政府机构通过转让技术支持大学和私营企业，强调政府对技术转让的承诺，并促进 GOGO 实验室在法律允许的范围内签署合作协议
1988	《综合贸易竞争法案》（*Omnibus Trade and Competitiveness Act*）	强调公共机构与私营企业在充分利用成果和资源上的合作、技术转让与商业化
1989	《国家竞争力技术转让法》（*National Competitiveness Technology Transfer*）	是对《联邦技术转移法》的修订，扩展了 CRADA 模式的应用，对能源部的核武器实验室提出技术转让的任务

续表

年份	法律名称	法律内容
1991	《美国技术卓越法》（*Technology Excellence Act*）	要求联邦实验室联盟在其提交国会和总统的年度报告中加入独立年度审计的内容，允许知识产权在 CRADA 的参与方之间进行交换，允许联邦试验室主任将多余的仪器捐赠给教育机构和非营利组织
1992	《小企业创新发展法》（*Small Business Innovation Development Act*）	扩展现有的 SBIR 计划，增加了各个机构对 SBIR 投入的预算比例，并提高了该计划的奖励金额；还建立了小企业技术转移计划（STTR），加强政府所有、委托经营的联邦实验室与大学、企业和非盈利性组织等的 R&D 合作
1993	《国家合作研究与生产法》（*National Cooperative Research and Production Act*）	放宽对合作生产的限制，使合作研究者使用共同获得技术生产经营
1995	《国家技术转移和促进法》（*National Technology Transfer and Advancement Act*）	修改《史蒂文森－怀德勒技术创新法》，为 CRADA 下新产生技术的快速商业化提供激励措施，使 CRADA 项目对联邦实验室、科学家和私人产业更有吸引力
2000	《技术转移商业化法》（*Technology Transfer Commercialization Act*）	扩大了 CRADA 许可的权力，使这类协议对私有企业更有吸引力，并提高联邦技术的转化。建立联邦机构在技术转移活动中报告和监督的执行程序
2007	《美国竞争法》（*America Competes Act*）	加大 R&D 的投入；加强科学、技术、工程、基础数学的教育；进一步完善联邦政府的创新机制
2010	《美国竞争再授权法案》（*America Competes Reauthorization Act*）	是对《美国竞争法》的进一步修订，在接下来的 3 年里为科学、技术、工程、基础数学等的教育增加额外投资
2011	《美国发明法案》（*America Invents Act*）	将美国以往坚持的“先发明制”改为“先申请制”；对宽限期等制度进行了调整

2. 政府职能的转变

为了促进科技成果的转化，美国政府不是采用强硬的手段直接干预科技市场，而是专注科技成果市场化和产业化资助等方式，关注如何提高政府的资助效率。政府在推进科技成果转化方面，改变了职能：制定和实施了各种促进科技成果与经济结合的计划；共建产学研合作基地；构建良好的科技成果转化的服务机构和环境；提供投入支持，基础研究经费主要由联邦政府各专门研究基金提供；减免税收，提供低息贷款；提供科技成果研究方向指导等。

3. 成熟的中介组织

美国重视中介服务组织的建设，如成立了美国大学技术管理协会、美国联邦实验室技术转让联合体、技术转让中心，在高校内部建立“技术转让中心”等。美国建立了美国高校科技成果转化的标准模式，《联邦技术转让法》颁布后，大部分联邦政府的研究机构和大学建立了联合体。1989年，美国成立了国家联邦、州和地方政府、工商企业和大学等参加的技术转让中心（National Technology Transfer Center，NTTC），其目的是积极促进科技成果向工业界转移，增强美国工业的竞争力。

4. 产学研协同发展

美国除了政府投资，企业也提供了大量的资金用于科学研究。2000年，美国用于应用研究的经费约为550亿美元，其中企业界的投入为364亿美元，占到总数66.2%；用于试验发展的经费约为1617亿美元，企业界投入1284亿美元，占到79.4%。此外，美国成立了产学研联盟，如美国海军实验室与私人部门签订了100多个协议，旨在共同进行研究，平均每个技术转移协议能够支撑26个工作，产学研联盟促进了科技成果的有效转化。

6.1.1.2　日本科技成果转化现状

日本非常重视科技成果的转化，于1985年制定了《日本工业技术院设置法》，1996年颁布了《科学技术基本法》，1998年颁布了《大学等技术转让促进法》，充分发挥了政府在科技成果转化过程中的主导作用和服务职能。日本建立了新型科技成果转化机构，在设置主体、设置形态及其运行方式等方面由政府主导、社会主体参与。日本政府推行了产学官合作计划，对大量沉睡的发明专利进行成果转化，许多高校的研究人员参与到企业的科学研究中，形成了产学研共同研究的局面。科研人员可获得企业的报酬及股权收益，调动了科研人员的积极性和创造性。

6.1.1.3　英国科技成果转化现状

20世纪80年代以来，英国政府为了促进科技成果转化，进行了一系列的改革，不断探索有效的科技成果转化路径，搭建科技成果转化平台、加大资金投入。为了促进大学与企业进行有效的科研合作，1999年英国贸工部、教育与就业部和英格兰的高等教育基金委员会联合设立了一个基金，专门管理高新技术成果转化研究与实施，并由苏格兰企业协会（SE）和苏格兰高等教育基金委员会（SHEFC）拨付专门费用进行研究。

6.1.2 国内高校科技成果转化现状

党的十八大以来，国家和地方政府高度重视科技成果转化问题，科技创新及成果转化在整个社会和经济中的地位举足轻重，科技成果转化是实施创新驱动发展战略、实现科技强国的重要支撑点。近年来，随着科技成果立法不断完善及政府对科研资金的有力投入，我国科技成果转化有了明显的提高，成果数量不断上升，高校的科研水平显著提升，数据如表 6-3 所示。

表 6-3 中国高校科研情况 （单位：亿元）

年份	研发支出	政府资金	来自企业的经费	专利许可收入
2010	597.3	358.8	198.5	3.6
2011	688.8	415.1	242.9	4.7
2012	780.6	474.1	260.5	4.3
2013	856.7	516.9	289.3	4.5
2014	898.1	536.5	302.7	5.0

资料来源：《中国统计年鉴》《中国科技统计年鉴》等

2011 年 8 月 24 日，人民网发文说我国专利的转化率不足 5%，我国高校科技成果的转化程度相对较低，科技成果转化率为 10%～15%，远远低于发达国家 60%～80% 的水平。我国政府提供的科研经费占 65%～66%，是高校的主要科研投入。近 5 年，我国高校科技成果情况如表 6-4 所示。从表 6-4 可以看出高校科技成果产出量一直在持续增长，在科技成果转化为现实生产力的过程中起着重要作用。但是从表 6-4 中也可以看到大量的科技成果并没有转化为现实生产力，而这些没有转化的科技成果也花费了大量的人力、物力和财力。因此，如何使高校的科技成果尽快转化为现实生产力是亟待解决的问题。

表 6-4 近 5 年中国高校科技成果产出情况

指标	2014年	2013年	2012年	2011年	2010年
高等学校研究与试验发展项目（课题）数 / 项	766 731	711 010	657 027	604 107	547 717
高等学校研究与试验发展项目（课题）人员全时当量 / 万人年	33.50	32.43	31.31	29.90	28.89
高等学校研究与试验发展项目（课题）经费支出 / 亿元	701.80	662.70	607.27	535.34	467.00
高等学校发表科技论文数量 / 篇	1 152 147	1 127 210	1 117 742	1 109 965	1 062 512
高等学校发表科技论文中国外发表数 / 篇	278 599.00	249 637.00	226 097.00	218 301.00	182 247.00
高等学校出版科技著作 / 种	39 326.00	37 866.00	38 760.00	37 472.00	38 101.00

续表

指标	2014年	2013年	2012年	2011年	2010年
高等学校专利申请受理数 / 件	149 961	133 865	113 430	95 592	72 744
高等学校发明专利申请受理数 / 件	93 415	81 251	66 755	54 362	44 132
高等学校专利申请授权数 / 件	85 006	84 930	74 550	53 055	37 490
高等学校发明专利申请授权数 / 件	39 468	35 873	34 441	25 064	18 055

资料来源：《中国统计年鉴》

6.1.2.1　科技成果转化的法律及政策

2016 年 5 月 30 日，全国科技创新大会、中国科学院第十八次院士大会和中国工程院第十三次院士大会、中国科学技术协会第九次全国代表大会在北京召开，习近平同志发表重要讲话并强调科技成果转化立法。2016 年颁布的《国家创新驱动发展战略纲要》明确了我国科技事业发展的目标，2020 年使我国进入创新型国家行列，2030 年使我国进入创新型国家前列，到新中国成立 100 周年时，使我国成为世界科技强国。自改革开放以来，我国的科技发展取得了举世瞩目的成就，党和国家也十分重视有关科技成果的立法工作，先后出台了《中华人民共和国科学技术进步法》《中华人民共和国促进科技成果转化法》《中华人民共和国技术合同法》《中共中央关于科学技术体制改革的决定》《国务院关于进一步推进科技体制改革的若干规定》等法律、行政法规、部门规章及国家鼓励科技成果发展的各种优惠政策等。这些法规的颁布，表明我国十分重视科技成果的转化，将科技成果的转化摆到重要的战略地位，这为国家创新体系的建立和发展提供了有力的保障，为科技成果转化提供了良好的法律、政治环境。

6.1.2.2　政府大力支持科技成果转化

我国政府重视高校科学研究和科技成果的转化，先后出台了国家重大专项和五大基本计划项目。其中，五大基本计划项目是指国家基础研究计划项目、国家科技支撑计划项目、国家高技术研究发展计划（863 计划）项目、国家科技基础条件平台建设计划项目和政策引导类计划项目，具体有国家自然科学基金计划项目和国家重点基础研究发展计划（973 计划）项目、国家星火计划、国际科技合作计划、农业科技成果转化基金、科技型中小企业技术创新基金、火炬计划、国家重点新产品计划、国家软科学研究计划等[93]。这些计划的实施鼓励了产学研合作创新，解决了科技创新过程中的重大难题，突破了技术创新的瓶颈，提升了科学技术对经济的支撑能力，对科技成果的转化起了极大的促进作用。此外，我国还组建了国家工程（技术）中心，实施了产学研联合开发工程等，极大地促进了高校科技成果的转化。教育部与科学技术部共同推进了大学科技园的建设，建立了多个有影响的大学科技园，进行了科技成果的孵化。各省（自治区、直辖市）政府也相继采取了各种有效的措施，促进了高校与企业的联合，促进了高校科技成果的顺利转化。

6.1.2.3 科技成果数量稳步提升

我国科技成果登记数量出现较稳步增长，在科技成果总量中，应用技术类占比最大，全国登记的应用技术成果总量（除 2002 年外）持续增长，具体情况如图 6-1 所示。

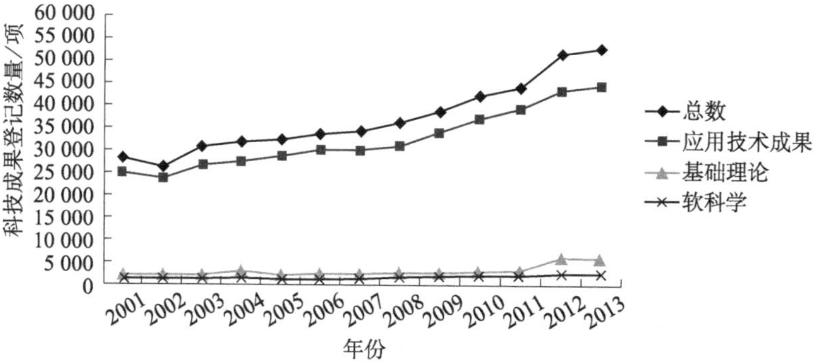

图 6-1 2001～2013 年全国科技成果登记趋势图

我国应用技术类科技成果资源较为丰富，为科技成果转化提供了充足的来源，如图 6-2 所示。

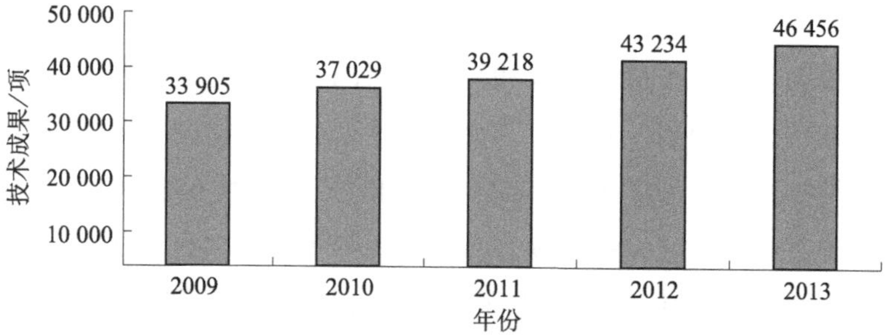

图 6-2 2009～2013 年全国登记的应用技术成果

资料来源：《中国统计年鉴》

近10年国内外高校三种专利授权量如表6-5所示，从表中可以看到高校三种专利授权量逐年增加，2014年高校发明专利申请授权量比2005年增长了760.48%，比2010年增长了101.29%；2014年大专院校实用新型专利申请授权量比2005年增长了1890.80%，比2010年增长了197.46%。科技论文发表情况如表6-6所示，2014年发表的科技论文较2010年论文增加了15.4万篇，高校公开发表科技论文占总发表科技论文数量的72.98%～75.04%，2014年出版的科技著作较2010年增加了1907种，其中高校增加了1225种，高校出版的科技著作数量占总出版科技著作数量的82.41%～83.62%，高校科技成果的产出量明显增加。

表6-5 高校国内外专利授权情况 （单位：项）

指标	2014年	2013年	2012年	2011年	2010年	2009年	2008年	2007年	2006年	2005年
专利申请授权量	1 302 687	1 313 000	1 255 138	960 513	814 825	581 992	411 982	351 782	268 002	214 003
发明专利申请授权量	233 228	207 688	217 105	172 113	135 110	128 489	93 706	67 948	57 786	53 305
国内发明专利申请授权量	162 680	143 535	143 847	112 347	79 767	65 391	46 590	31 945	25 077	20 705
高校发明专利申请授权量	38 317	33 309	33 821	26 616	19 036	14 391	10 265	8 214	6 198	4 453
国外发明专利申请授权量	70 548	64 153	73 258	59 766	55 343	63 098	47 116	36 003	32 709	32 600
实用新型专利申请授权量	707 883	692 845	571 175	408 110	344 472	203 802	176 675	150 036	107 655	79 349
国内实用新型专利申请授权量	699 971	686 208	566 750	405 086	342 256	202 113	175 169	148 391	106 312	78 137
高校实用新型专利申请授权量	47 600	43 085	33 389	21 190	16 002	9 166	7 242	5 502	3 453	2 391
国外实用新型专利申请授权量	7 912	6 637	4 425	3 024	2 216	1 689	1 506	1 645	1 343	1 212
国内外观设计专利申请授权量	346 751	398 670	452 629	366 428	318 597	234 282	130 647	121 296	92 471	72 777
高校外观设计专利申请授权量	6 571	8 644	10 073	8 678	8 115	4 390	1 652	1 057	806	555
国外外观设计专利申请授权量	14 825	13 797	14 229	13 862	16 646	15 419	10 954	12 502	10 090	8 572

资料来源：《中国统计年鉴》

表 6-6 高校科技论文发表情况

指标	2014年	2013年	2012年	2011年	2010年
发表科技论文 / 万篇	157.00	154.46	151.78	150.00	141.60
高校发表科技论文数量 / 万篇	115.21	112.72	111.77	111. 00	106.25
高校发表科技论文所占比例 / %	73.38	72.98	73.64	74.00	75.04
出版科技著作 / 种	47 470	45 730	46 751	45 472	45 563
高校出版科技著作 / 种	39 326	37 866	38 760	37 472	38 101
高校出版科技著作所占比例 / %	82.84	82.80	82.91	82.41	83.62

资料来源：《中国统计年鉴》

6.1.2.4 科研经费投入逐年增加

资金的投入像血液一样在科技成果的基础研究→应用研究→中间试验→商品化→产业化全过程中流动，为科技成果向现实生产力转化提供了强有力的支持。我国政府十分重视科技成果转化的资金投入，政府每年的财政支出中都会设立专门款项投入到科技成果转化中，且支出的金额逐年增加，除 2012 年稍有下降外，其他年份增速都保持在 4% 以上，其中 2008～2010 年 3 年增速大于 22%。研发经费支出也在明显增加，增速都在 9% 以上，为科技成果转化创造了有利条件，如表 6-7 所示。政府的经费投入主要是从研发到试验阶段，而产业化的资金投入明显不足，各地多元化、多层次的投融资机制尚不健全，严重制约了科技成果转化速度和效率。光明日报披露，近年来，我国高校的科研经费中来自企事业单位的研发经费一直保持在 35% 左右，工科院校这一比例可高达 45%，有的高校甚至超过 60%。而美、英、法、日等国高校科研经费中来自企业的比例不足 5%，加上来自非营利组织的经费，也仅仅为 10% 左右；德国和韩国高校的科研经费中来自企事业单位的研发经费比例略高，但是不足 15%，均明显低于我国高校的研发经费。

表 6-7 2007～2014 年科研经费支出 （单位：亿元）

指标	2007年	2008年	2009年	2010年	2011年	2012年	2013年	2014年
国家财政科学技术支出	2 135.7	2 611.0	3 276.8	4 196.7	4 797.0	4 452.63	5 084.3	5 314.45
研究与试验发展经费支出	3 710.2	4 616.0	5 802.1	7 062.6	8 687.0	10 298.4	11 846.6	13 015.6

资料来源：《中国统计年鉴》

6.1.2.5 高校专利转让情况

从表 6-3 可以看出，近年来我国高校的专利许可收入为 5 亿元左右，2013

年专利出售总额为4.5亿元，而实际的收入为2.5亿元，分别相当于同年高校科研经费支出总额的0.37%和0.20%；专利出售合同数占同年专利授权总数的2.7%。从表6-1可以看出，美国近几年高校的专利许可收入为24亿～28亿美元，2012年为26亿美元，相当于其科研经费支出的4.08%。我国的专利转让应用明显低于美国，这也是长期以来我国高校科技成果转化率低的主要原因。这反映出我国高校的科技成果显性的、有产权形式的、原创性探索性研究成果的转化规模明显不足，突出表现为高校专利转让率偏低。

6.1.2.6 技术市场中科技成果交易较活跃

近年来，我国技术交易市场的活力持续释放，伴随着专利申请授权数量持续增长的态势，2006～2014年我国技术市场成交额也实现连续增长，如表6-8所示，这些数据在一定程度上反映了科技成果增长率（用专利申请授权数增长率代表）和科技成果转化率（用技术市场成交额增长率代表）总体正相关，反映了我国科技成果的转化成效有所提升。综合“专利许可收入”和“从企业获得的研发经费”两项指标来看，我国高校科技成果转化收入（专利许可收入＋从企业获得的研究经费）占研发经费的比例超过30%，可见我国科研成果服务社会的能力比较强，科技成果总体转化情况比较乐观，说明我国科技成果在解决企业的实际问题方面能力较强，向企业转化的没有产权形式的隐性知识比较好。2014年，我国技术市场在促进科技资源优化配置，加速知识流动和技术转移，促进科技与经济结合等方面的支撑作用进一步显现。全年共签订各类技术合同29.7万项，成交金额突破8000亿元，达到8577.18亿元，比上年分别增长0.68%和14.8%[94]。

表6-8　2006～2014年专利申请授权数增长率与技术市场成交额增长率

指标	2006年	2007年	2008年	2009年	2010年	2011年	2012年	2013年	2014年
专利申请授权数/项	268 002	351 782	411 982	581 992	814 825	960 513	1 255 138	1 313 000	1 302 687
专利申请授权数增长率/%	25.23	31.26	17.11	41.27	40.01	17.88	30.67	4.61	–0.79
技术市场成交额/亿元	1 818.18	2 226.53	2 665.23	3 039	3 906.58	4 763.56	6 437.07	7 469.13	8 577.18
技术市场成交额增长率/%	17.20	22.46	19.70	14.02	28.55	21.94	35.13	16.03	14.84

资料来源：《中国统计年鉴》

6.2 高校科技成果转化存在的主要问题

我国在科技成果转化过程中取得了较大的进步，但不可否认的是，与发达国家相比，我国科技成果转化率较低，对经济的贡献较低，研发成果与市场需求脱节，仍处于科技成果转化的初级阶段，存在诸多问题。

6.2.1 政府在高校科技成果转化知识管理中的作用分析

目前，尽管我国政府对科技成果转化工作十分重视，制定并出台了一系列促进科技成果向现实生产力转化的政策法规，但是，在市场体制的构建、科研成果评价标准等方面建设依然不够完善，没有充分发挥作用。①我国科技成果转化市场正处于发展阶段，市场机制和法律保障不健全，相关法律未形成配套的体系及实施细则，使得大量科研资源集中在政府所属的高校和科研院所手中，企业获取资源受到限制，企业在技术创新中的自主决策权难以完全实现，很多科技成果被束之高阁[96]，成果转化这一“市场行为”更是受到限制，导致科技成果和经济效益脱节严重。②政府在高校科研水平的评价体系标准中，重视高校课题、论文数量指标，忽视了科研成果的社会效益，助长了高校“重科研，轻应用”的风气，多数科研成果与企业的需求不匹配，造成知识成果浪费。③政府在分担科技成果转化风险、为科技成果转化提供引导和支持、制定各种优惠措施、鼓励成果转化等方面做得不到位。④政府部门各自作战多，综合协调少；一般的号召多，具体的操作办法少，常常停留在制定宏观的政策上，而没有制定出一整套的支持高校科技成果转化的具体、可操作的办法。⑤政府部门往往关心科技成果转化的最终效果，而缺少科技成果转化的过程管理和知识管理。⑥政府部门的考核只停留在科技成果的完成数量，而没有把对高校的科技成果转化的支持力度和支持效果作为部门考核的重要指标。

6.2.2 科技成果转化动力分析

我国科技成果转化率不足 10%，与美国、日本等发达国家 60%～80%

的转化率相比差距甚远，与发达国家相比，我国的科技成果转化率有一定的“中国特色”，科技成果不是针对市场进行研发，研发的成果不能直接面向生产线，这不仅造成科研经费的巨大浪费，还要在成果研发之后花费额外资金进行转化，科研投入与成果产出不相称。因此，我国科技成果产生的经济效益偏低，虽然技术市场成交额持续增长，但其总体占 GDP 的比重不超过 1.5%，科技成果转化收益占 GDP 比例较少，说明我国科技成果转化能力与扩散能力较低，经济、科技“两张皮”现象依然存在，如图 6-3 所示。造成科技成果转化效率低的原因有很多，首先，成果转化的动力压力不足，对于高校来说，高校的教师业绩考核缺乏产业化考核指标，因此，科研人员的成果转化动力和压力不大；对于高校评价来说，科技成果转化的数量与质量没有作为评价高校优劣的依据，高校自身缺乏科技成果转化的紧迫感和使命感，这些都造成科技成果的转化效率低。其次，对于企业来说，企业领导人更换频繁，“短期行为，急功近利”现象严重，依靠科技创新不断推出优质新产品、降低成本的内动力不足，不愿在短期内进行风险大、周期长的科技成果转化投资，这也是造成科技成果转化效率低的重要原因。

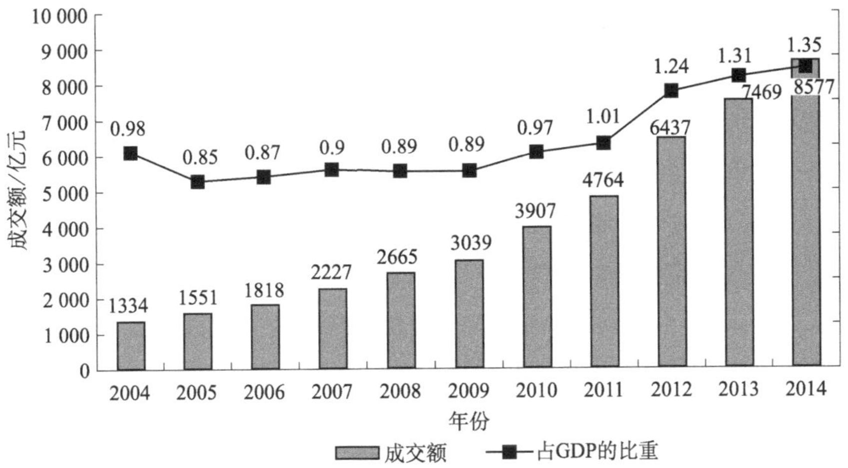

图 6-3　2004～2014 年全国技术市场成交金额及其占 GDP 的比重

6.2.3　科研成果市场适应能力分析

现阶段，我国科研机制尚不完善，科研成果注重学术水平，忽视了其实际适用能力，大部分研发成果“沉睡”在实验室内，无法转化为现实生产力。造成这种现象的主要原因首先是我国高校和科研院所的科研人员在申报科研项目时，往往从自身熟悉的领域进行研究，侧重学术前沿研究，重视理论创新，而缺乏市场调研，对市场需求不清楚，而且整个研发过程又缺少企业等科研成果需求方的参与，致使我国科研成果很难走出实验室，与市场需求存在较大落差，实用性较差，市场适应能力差，以致科技成果在市场上站不住脚，不符合市场的需求。其次是在我国科研成果评价体系标准中，以论文数量、专利数量“论英雄”，“重成果，轻转化”。最后是科技成果转化绩效难以量化和评价，从事科研转化的工作人员的辛勤付出难以通过收入和奖励加以体现，这大大降低了科研人员对其科研成果进行转化的热情，制约了科研成果的高质量产出和转化。

6.2.4 科技成果转化渠道分析

高校虽然研制出了符合市场需求的成果，但由于缺乏权威、规范的科技信息供需平台，造成了高校和市场的信息不对称。高校往往处于自我封闭状态，缺乏市场意识，缺乏具有丰富市场工作经验和项目运作能力的专业机构和人才，导致市场协同不畅。企业虽然需要高新技术，但由于对高校的科研运作模式不了解，不能及时捕获高校的科研信息，造成了高校有转化前途的科技成果也被束之高阁，不能及时得到转化，造成科技成果价值流失。我国技术市场中介起步较晚，目前尚不成熟，中介服务机构在高校和企业之间没有搭建起一座沟通的桥梁。中介服务机构的短缺，使得高校科技成果与外部市场需求信息不协同。另外，科技成果转化模式单一，没有好的转化渠道，是造成符合市场需求的成果得不到转化的重要原因。高校与市场信息沟通不畅，成为制约高校科研成果转化的瓶颈。

6.2.5 科技成果转化投入分析

在发达国家，研发阶段、中试阶段和产业化阶段的资金投入比例约为1∶10∶100，而我国处于科学研究的基础阶段，在理论研究和应用基础研究两阶段资金投入的比例较高，由于总体科研投入资金不足，国家财政科学技术支出占国家财政支出的比例仅仅为4%左右，近几年更呈现偏低态势，如表6-9所示。所以，在中试阶段和产业化阶段的资金投入受到挤压，远低于发达国家的比例，很难开展进一步研究。而且在成果转化过程中存在着很大的不确定性，科研成果开发者更不愿将有限的资金投入到回报不确定的转化中。在2013年登记的应用技术成果中，未应用的成果比例为4.49%；另有0.25%的成果应用后停用，而成果未应用或停用的原因仍以资金问题为主，同时受多种因素综合影响，其中，资金问题所占比例为54.42%。

表6-9　2007～2014年国家财政用于科学研究的支出表

指标	2007年	2008年	2009年	2010年	2011年	2012年	2013年	2014年
国家财政科学技术支出/亿元	2 135.70	2 611.00	3 276.80	4 196.70	4 797.00	4 452.63	5 084.30	5 314.45
国家财政支出/亿元	49 781.35	62 592.66	76 299.93	89 874.16	109 247.8	125 953.0	140 212.1	151 785.6
科学技术支出占财政支出的比重/%	4.29	4.17	4.29	4.67	4.39	3.54	3.63	3.50

资料来源：《中国统计年鉴》

科研成果的资金支持主要体现在前期研发项目的投入上，且以政府投入为主，普遍规模较小。到了科技成果产业化的中后期，政府投入不足，而社会化投融资机制尚未完全形成，政府资金的引导放大效应不能很好地体现出来，从而导致了科技成果转化存在较大的资金缺口。资金短缺、融资难直接导致科研成果转化率严重偏低。

6.2.6　知识产权保护力度分析

我国长期以来对于知识产权的保护力度不足，仿制、假冒现象严重，加上人们的法制观念淡薄，存在着“投机取巧”的社会风气，专利产品没有得到应有的保护，给科技成果研究者带来了巨大的损失。目前，专利产品的抄袭之风盛行，很多企业没有自己的研发团队，没有考虑到企业的长远发展，有些企业不愿意支付过多的技术使用费和研发费，而是千方百计地从高校的教师个人手中套取某些技术诀窍，然后进行所谓的研发，实际是科技成果的一种剽窃。由于高校教师知识产权保护意识薄弱，这种行为严重地打击了高校科技人员的创造积极性，加剧了高校与企业之间的信任危机。

6.2.7 科技成果质量分析

我国高校科技成果转化率不高的根本原因，在于高校“重数量，轻质量”的科技成果评价体系，例如，重视专利的审批数量，而专利的质量不高，导致专利成果转化的效率低下。重视论文发表期刊的影响因子，不重视成果的实际应用效益，在现有的科研管理机制和激励机制导向下，科研人员只追求专利的数量、论文数量和专著数量等，而对其创新性、市场需求性等实质内容重视不够，科技成果的质量不高。2006 年我国高校发明专利授权数为 12 043 项，2015 年我国高校发明专利授权数为 85 006 项，10 年增长了 7 倍多，同期美国高校专利授权数仅增长了不到 0.5 倍。2015 年我国高校专利授权数为 85 006 项，而同年美国高校仅有 4797 项，我国专利授权数是美国高校的 14 倍多。2015 年我国高校发明专利排名前 10 的学校如表 6-10 所示，浙江大学仅发明专利就有 1865 项，美国加利福尼亚大学专利授权量排名第 1 位，仅为 489 项，麻省理工学院排名第 2 位，为 217 项，远远低于中国的大学。由此可见，我国高校每年都产出大量的专利，这些专利虽然从表面的数量看增长很快，但真正能够转化和应用的专利并不多，转化率不高。

表 6-10 2015 年高校发明专利授权量排名

排名	专利权人名称	发明专利授权量 / 项
1	浙江大学	1865
2	哈尔滨工业大学	1454
3	东南大学	1453
4	清华大学	1165
5	上海交通大学	1113
6	江苏大学	985
7	华南理工大学	871
8	北京航空航天大学	860
9	西安交通大学	774
10	北京工业大学	750

资料来源：http：//www.sipo.gov.cn/twzb/2015ndzygztjsj/bjzl/201601/t20160114_1228869.html

6.2.8 高校科技成果管理体制与奖励机制分析

高校现有的科技成果管理体制不健全，科研管理部门主要是对科研项目进行管理，重视科研项目的申报、科技成果的统计，不重视科技成果的转化，缺乏对科技成果转化的管理体制。由于高校对科技成果的转化没有考核，缺乏配套的激励机制，科技人员缺乏市场意识，自然对科技成果转化不关心。没有良好的激励机制，就不能形成良好的循环体系，就不能保证科技成果的有效转化。要有效进行科技成果转化，外部市场、政府政策和内部评价体制都要有效融合，只有具有良好的激励机制，才能促进科技成果快速转化。

6.3 提高高校科技成果转化效率与知识管理绩效的对策研究

哈佛大学教授 Dale W. Jorgenson 的研究证明：1989～2014 年，美国 GDP 年均增长率为 2.4%，其中 76% 的增长由资本与劳动力投入增长产生，24% 的增长由以技术进步和效率提升为代表的全要素生产率（TFP）提高产生。在人类社会的发展进程中，科学和技术转化为生产力，可以带动经济和社会的快速发展。技术创新对各国的经济实力和军事实力的增长起着决定性作用，科技成果作为实现转型发展中新的经济增长点，是促进经济快速发展的重要成分。根据前面的研究结果及我国高校科技成果转化和知识管理出现的问题可以看出，成果转化效率的高低与转化机制、市场机制、转化主体、人力资源、科技成果投入、网络平台、知识管理技术支持、科技成果效益分配等有着密不可分的关系。因此，我们必须从观念上转变对科技成果转化的认识，深化体制改革，提出促进科技成果转化及加强知识管理的有效对策，推动科技成果转化走上新的台阶。

6.3.1 建立与市场相适应的科技成果转化机制

目前，我国科技成果转化机制与市场并不相适应，落后的管理体制造成了科技成果转化主体错位。按照传统的科技成果转化体制，高校和科研院所承担着技术开发的主要任务，企业主要进行产品的生产，因而对技术开发不够重视。国家层面的技术开发资金主要是拨给高校和科研院所，科技创新人才也主要集中在高校和科研院所等。科研机构可以是独立，也可以是设置在高校、科研院所或企业内，但是绝大部分是在科研院所和高校内，因此，这就使得科技成果与企业的生产或用户需求相脱离，技术成果往往缺少市场前景，与市场需求严重脱节，不能满足企业对科技成果的要求。即使有些科技成果实用性很强，应用前景也很好，但是缺乏足够的人力、物力、财力去进行试验和生产，无法实现产品、技术或工艺等成果的有效转化。面对“大众创业、万众创新”的新局面，应加强产学研协同创新，建立新的科技成果转化体制和机制。鼓励产学研结合，建立产学研联盟，使研发出的科技成果能够适应市场，减少中间环节，提高科技成果转化效率。

6.3.2 加强科技成果转化主体建设，构建主体耦合互动机制

科技成果转化主体在科技成果的转化过程中起着非常重要的作用，科技成果转化主体有科技成果供应主体、科技成果推广主体和科技成果应用主体。要提高科技成果的转化必须加强各个主体的协同，保证转化各个环节的有效配合。在科技成果转化供应主体方面，要加强高校的科研管理体制改革，加强科研管理机构的人才建设，培育科技成果转化的推广人才，使科技成果供应主体能够把握市场需求，有针对性地为科技成果应用主体提供实用的科技成果，便于科技成果的有效转化。政府部门要积极引导，并加大科研投入，培育科技成果研发主体，加强科技成果供应主体的能力，研发更多、更实用的科技成果。在科技成果推广主体方面，要加强高校科技成果推广机构和中介机构的培育，注重科技成果的有效转化，完善科技成果转化的推广体系，加强科技成果转化的“最后一公里”工程，政府部门要进行宏观调控，给予高校推广机构和中介机构一定的优惠政策，改善推广机构的工作环境和待遇，建立合理的用人机制，使更多高素质的人才加入到科技成果推广的工作中去，加快科技成果的转化。在科技成果应用主体方面，加强企业信息化建设，使企业能够及时发布科技成果需求信息，而且，科技成果应用主体，要主动到高校和科研机构寻求需要的科技成果，同高校和科研院所建立密切的联系，也可以进行产学研协同创新，加强各主体间的耦合互动和各主体间的协同。

加强宏观调控、保证供求均衡，加强市场需求导向机制、产学研协同创新机制、信息传递机制，开发适合企业需求的高科技成果，使科技成果能够快速、有效地转化，提高科技成果转化的效率。

6.3.3　加快构建企业为主体、产学研合作的技术创新体系

实证证明，产学研协同创新是影响知识管理绩效的最重要因素，因此，为了更好地促进科技成果转化，应改变传统的科技成果转化模式，应建立以需求方为中心的产学研协同创新联盟。企业应联合高校、科研院所围绕现实生产需求开展科技创新和科技成果转化，构建以企业为主体的产学研合作的技术创新体系，使研发的科技成果能够满足市场需求，并且以技术性、实用性和经济性等多指标作为科技成果评判的标准，而不是仅仅以专利、著作、高水平论文等学术性的指标作为科技成果评判的标准。

6.3.4　构建“政产学研协同创新管理平台”

通过知识管理绩效评价可以看出，科技成果转化知识管理平台对科技成果转化影响最大。因此，为了加速高校科技成果的有效转化，应加强产学研协同创新网络知识管理平台的建设。政府科技管理机构应在高校和科研院所的支持下，构建省市级甚至国家级的“政产学研协同创新管理平台”。该平台的创建可以进一步加强多方战略合作和协同研发，该平台一方面应拥有高校、研究机构相关人员的信息、成果介绍、正在研究的课题的内容及潜在的应用范围等大量信息；另一方面，企业也要介绍市场需求信息。通过该平台可以实现科技成果使用方和需求方的对接互动。企业可以寻找到自己需要而又能很快消化和吸收的科技成果，科研人员也能将科技成果转化出去，并且可以找到自己的研究方向，与企业进行合作，进行协同研究，有效促进科技成果的转化。政产学研用协同创新管理平台建立了相对稳定、能够促进协同创新的一种交流方式。通过该平台可以使高校的科技成果、创新技术和知识更容易进行扩散，高校也可以更好地把握市场需求。该平台是高校与市场连接的纽带，通过政府、中介组织或金融机构，可以为科技成果转化提供资金的支持。通过该平台可以实现知识的共享、转移和增值，使得科技成果可以快速

扩散和不断创新。科技成果的快速转化又可以促进知识的快速流动和扩散，促进新的科技成果的产生，该平台对科技成果转化可以起到良好的促进作用，可以提高科技成果的转化率。

产学研协同创新网络平台是进行知识协同的重要媒介，创新网络中知识的转移可以缩小优势主体和弱势主体的知识势差，弱势主体通过知识转移，可以获得更多的知识增量，知识积累增加，有利于知识的创新。因此，我国要完善产学研协同创新平台的建设，促进产学研协同创新各方的知识协同。

6.3.5 加强科技成果转化组织管理工作

科技成果转化工作是一个由政府管理部门、科研机构、生产企业、中介机构和技术市场等要素所构成的复杂系统，要使科技成果转化顺利地进行，管理部门和机构必须积极主动地协助科技成果转化各方开展工作，并且在科技成果转化中起到协调和监督的作用，保证科技成果转化的有效转化。另外，应该加强对知识的管理，成立专门的知识管理机构，对知识成果进行管理，保护知识产权，保护研发者的合法权益，调动研发者的积极性，使科技成果能够有序、快速地转化，提高技术与经济的融合，提升科学技术水平和经济效益。

6.3.6 加强校企合作，鼓励师生创建民营企业

高校作为科技成果的主要供应方，其目标是将科技成果转化为现实生产力，提高科技成果转化率，这就要求科研人员在科研项目的研发→试验→产业化三个阶段都要立足于市场需求和社会需求，提高研发成果的实用性。首先，高校应该转变观念，不应该搞“闭门研究”，鼓励科研人员走出校门，重视与企业的合作，充分发挥高校人才、知识、信息资源的优势和企业资金优势，实现优势互补，共同促进科技成果转化。其次，高校应与企业建立长期的合作关系，共同创建开发实验室，进行知识和技术的交流，同时，允许高校科研人员在企业中担任职务，企业技术人员也可参与高校科技研发，使得人才双向流动，从而带动知识在校企之间的传播，减少转化的阻力。例如，日本注重把教育和科研与社会紧密结合，校企合作已经成为一种制度，主要

包括合同研究制度、受托研究制度、受托研究员制度和奖学捐赠金制度，并在高校中设立“共同研究中心”，为高校和企业开展技术咨询和共同研究提供场所，也为高校科技成果转化引入了外部资金。最后，通过灵活的政策鼓励，支持高校师生创办民营企业，将具有实用价值和社会效益的技术成果自行开发并直接投入市场，一方面可以获得转化收益，提升科研人员成果转化的积极性，催化出更多的研究成果；另一方面科研人员可以将个人研究成果直接应用，省掉转化流程，及时发现应用中存在的问题并进行后续开发，提高科研成果的适用性，使研发的成果逐步走向成熟，减少转化过程中的阻力。

6.3.7　建立多指标科研绩效考核评价体系

高校应该打破“重理论研究，轻实际应用”的传统科研管理思想，完善绩效评价体系，在科研人员的绩效考核中，不仅考虑论文的数量和质量，还要将研究成果实际应用中产生的社会效益作为一项重要的指标予以考虑，形成重视科技成果转化之风，鼓励更多的科研人员参与，应用多绩效考核标准对科研人员做出客观的评价，对从事基础研究和应用研究的工作人员应就各自的劳动与分工，实行不同的管理和考核模式，保证全面、公正地评价每一位工作人员的工作绩效，使其享受公平的待遇，避免人才流失。若高校只注重科研人员的论文数量、理论水平、获得证书情况，以及纵向课题、科研经费的奖励，忽视成果转化，这无疑会大大降低其进行成果推广和转化的积极性，尤其是从事成果应用的科研人员，不能受到足够的重视，工作热情不高涨，将会制约科技成果的转化，扩大科技、经济“两张皮”的现状。

6.3.8　建立合理的激励机制

有效的激励机制不仅能够调动科研人员进行成果转化的积极性，还能够留住人才，有利于成果转化的良性循环。高校应该建立合理的激励机制，把成果转化和科研摆在相同的位置。首先，晋升职称的评价形式应该由原来的“以论文数量论英雄”转变为兼顾科技成果转化，将科技成果转化情况作为一项指标纳入评价标准，使科研人员从观念上重视科技成果转化；另外，对于优秀的开发人员，在职称评定上也应采取必要的倾斜[96]。其次，从政策上保证从事成果转化的科研人员享受公正的待遇，制定成果转化收益的分配政策，扣除必要的转化成本后的收益应当按照学校、学院、个人进行合理分配，个人分成的比例应该足以体现科研人员的劳动成果，使科研人员的工作成果得到认可，充分调动科研人员进行成果转化的积极性。最后，政府或高校可以考虑设立成果转化奖，定期评定为科技成果转化做出突出贡献的科研人员，给予其名誉和现金奖励，充分肯定其工作成果，激发科研人员进行科技成果转化的动力。

6.3.9 拓宽融资渠道，吸收民间资金

由于科技成果转化过程中存在着巨大的不确定性，高校需要承担较大的转化风险，因此，我国应当适当加大对高校科技成果转化资金的投入。从政府的角度来说，科技成果能够为社会增添新动力，是实现转型发展中新的经济增长点，应当鼓励支持高校科技成果转化，在政策方面，对高校科技成果转化给予一定的税收和信贷优惠，同时政府应当引导建立风险投资公司，鼓励风险投资公司参与高校科技成果转化，并给予一定的财政和政策支持，以降低科技成果转化过程中的成本，运用财政拨款或金融机构科技贷款等方式，鼓励企业购买科技成果，在资金投入方面，增加科技成果转化基金，运用科技发展基金和科技成果推广应用基金，通过借款、贴息等方式，对效益好、还款能力强、科研成果能迅速转化为生产力的科研单位给予重点支持，对收益较低，但是有利于经济社会发展的项目应进行风险投资，建立风险投资基金，分散成果转化的风险。从高校的角度来说，不但要重视纵向课题，更要注重与科研院所、企业的横向合作，优秀的科技成果可以提高企业的核心竞争力，高校应当注重与企业的合作，以科技成果积极争取企业的投资，鼓励科研人员走出校门，了解市场需求，将研发成果推入市场，广泛地吸收民间资本，拓宽成果转化的融资渠道。

6.3.10 加强科技信息网络建设

伴随着信息化时代的飞速发展，如今各种网络平台建设也在如火如荼地展开，政府应当借助网络传播的优势，加强信息网络平台的建设。信息网络

平台主要是以信息服务为目标，提供科技情报、技术水平、科研成果、市场需求、应用前景等信息，保证市场供求信息渠道畅通，高校可以及时发布申报成功及在研的科研项目，既可以通过招标的形式吸引需要该课题的企业注入资金，还可以获得从事该项目或者对该项目感兴趣的其他研发主体的帮助，以避免重复研究，造成知识产权的侵权行为及科研资源的浪费，企业可以在网站上登记需要研发的课题及其他需求，供高校、科研院所等科研主体参考，并选择具有价值的课题进行合作研究。统一、规范的公共信息平台的建设，保证了供需市场信息渠道的畅通，改变了以往产学研缺乏有效沟通、科技成果落后于市场需求、项目成果与实际需求脱轨的状况，同时可减少中介机构等第三方带来的信息不对称，节约了成果转化的成本，促进了科技成果向现实生产力转化。

6.3.11 加强产学研协同创新主体的学习

在知识转移的过程中，只有创新主体对转移来的知识能够很好地吸收，才能增加知识的积累，才能使得创新主体的知识水平指数增加。通过前面的仿真可以发现，知识转移可以改变知识的存量和知识水平指数，但是知识的创新可以快速提高知识水平指数，所以要加强产学研协同创新主体对知识的协同，加速知识创新，提升社会整体知识水平，促进“大众创业、万众创新”的实现。

6.3.12 加强产学研协同创新外部环境建设

产学研创新除了创新主体外，还需要加强外部环境的建设，如改善知识转移的渠道、转移的方式。对于知识创新来说，更重要的是隐性知识的转移，隐性知识需要更顺畅的转移渠道和转移途径。只有良好的环境，才能保证产学研协同创新知识协同顺利进行。

产学研协同创新网络知识协同可以使得网络内创新主体之间的知识势差逐渐缩小，知识转移并不能快速降低协同创新网络内优势创新主体知识存量的优势，弱势创新主体通过知识转移也很难快速赶上优势创新主体，只有知识创新才能快速提升创新主体的知识水平指数，才能快速减小弱势群体与优势群体之间的知识差异，在相同的环境条件下，协同创新主体知识的差异越大，知识转移的效果就会越好。

6.3.13 加强科技成果转化法律法规建设

通过国内外科技成果转化研究发现，国家完善的科技成果转化法律法规可以保证科技成果转化的有效进行，国家科技成果转化政策可以引导和保护科技成果转化，国家应该加强科技成果转化立法，使科技成果转化有法可依，有法可寻，保证科技成果快速、高效地转化，提高科技成果转化效率，促进国民经济快速、稳步发展。

参 考 文 献

[1] 中华人民共和国科学技术部 . 中华人民共和国促进科技成果转化法 (2015 年修订). http: //www.most.gov.cn/fggw/fl/201512/t20151203_122619.htm[2015-12-23].

[2] Bennett D, Vaidya K. Innovative Technology Transfer Framework Linked to Trade for UNIDO Action[R]. Vienna: United Nation Industrial Development Organization, 2002.

[3] Harman G. Australian university research commercial-ization: Perceptions of technology transfer specialists and science and technology academics [J]. Journal of Higher Education Policy and Management, 2010, 32(1) : 69-83.

[4] 国家科委课题组 . 科技成果转化的问题与对策 [M]. 北京: 中国经济出版社 , 1994.

[5] 王桂月 . 基于知识管理的高校科技成果转化研究 [D]. 天津大学博士学位论文 , 2009.

[6] 巨乃岐 , 科技成果转化的内涵、核心与实质 [J]. 科技管理研究 , 1998, (5): 24-27.

[7] 郭强 , 夏向阳 , 赵莉 . 高校科技成果转化影响因素及对策研究 [J]. 科技进步与对策 , 2006, 29 (6): 151-153.

[8] 蒋建湘 , 庞青山 . 高校科技成果转化机制研究 [J]. 中南工业大学学报 (社会科学版), 2002, 8(3): 259-261.

[9] 宋东林 , 付丙海 . 再论我国高校科技成果转化——借鉴美国、加拿大等国家经验 [J]. 科技管理研究 , 2010, (8): 18-21.

[10] Sellenthin M O. Technology transfer offices and university patenting in Swedenand Germany[J]. Journal of Technology Transfer, 2009, 34 (6): 603-620.

[11] Kaminski P C, de Oliveira A C, Lopes T M. Knowledge transfer in product development processes: A case study in small and medium enterprises (SMEs) of the metal-mechanic sector from São Paulo, Brazil[J]. Technovation, 2008, 28 (1-2): 29-36.

[12] 朱宁宁 , 王溦溦 . 我国科技成果转化典型模式及影响因素研究 [J]. 科技与管理 , 2011, 13 (6): 34-37.

[13] 王睿 , 王巍 , 张效清 . 科技成果转化模式的研究 [J]. 科技情报开发与经济 , 2007, 17 (7): 196-197, 201.

[14] 王辉坡 . 科技成果转化的知识管理及对策研究 [D]. 哈尔滨工程大学博士学位论文 , 2007.

[15] 肖鹏 , 刘莉 . 校企联合研发模式推动科技成果转化的问题及对策研究 [J]. 科技进步与对策 , 2012, 29(13): 19-23.

[16] Teece D J. Technology transfer by multinational firms: The resource cost of transferring

technological Know-How[J]. Economic Journal, 2011, 87(34): 242-261.

[17] Siegel D S, Phan P H. Analyzing the effectiveness of university technology transfer: Implications for entrepreneurship education[J].Rensselaer Polytechnic Institute, 2012, 12(4): 159-167.

[18] Etzkowitz H, Leydesdorff L. The dynamics of innovation: From national systemsand "mode 2" to a triple helix of university-industry-government relations[J]. Research Policy, 2000, (29): 109-123.

[19] Rasmussen E. Government instruments to support the commercialization of university research: Lessons from Canada[J]. Technovation, 2008, 28(8): 506-517.

[20] 刘家树 , 吴佩佩 . 创新链集成的科技成果转化模式探析 [J]. 科学管理研究 , 2012, 30(5): 26-29.

[21] 谷德斌 , 尹航 . 高校科技成果转化驱动模式研究 [J]. 科技进步与对策 , 2012, 29(13): 24-28.

[22] 王念 , 刘细发 . 我国高校科技成果转化的因子分析与路径选择 [J]. 企业经济 , 2011, (8): 110-113.

[23] 柳岸 . 我国科技成果转化的三螺旋模式研究——以中国科学院为例 [J]. 科学学研究 , 2011, 29(8): 1129-1134.

[24] 杨新子 , 汪波 . 科技型中小企业科技成果转化过程中的动态博弈分析 [J]. 天津大学学报 (社会科学版), 2012, 10(5): 385-388.

[25] 刘志迎 , 赵晓丹 . 基于复杂性理论的科技成果转化系统研究 [J]. 中国科技论坛 , 2005, (3): 72-75.

[26] 彼得・德鲁克 . 知识管理 [M]. 杨开峰译 . 北京: 中国人民大学出版社 , 1999.

[27] 陈榉 . 信息内容的判定与知识的划分 [J]. 情报学报 , 1997, (16): 242-245.

[28] 杨治华 , 钱军 . 知识管理 [M]. 南京 : 东南大学出版社 , 2002: 104.

[29] Boisot M H. Knowledge Assets Securing Competitive Advantage in the Information Economy[M]. New York: Oxford University Press, 1998.

[30] Johannessen J A. Aspects of innovation theory based on knowledge-management[J]. International Journal of Information Management, 1999, 19(2): 121-139.

[31] 竹内弘高 , 野中郁次郎 . 知识创造的螺旋 : 知识管理理论与案例研究 [M]. 李萌译 . 北京: 知识产权出版社 , 2006.

[32] 吴才唤 . 知识地图研究进展 : 从显性知识地图到隐性知识地图 [J]. 图书情报知识 , 2012, (6): 95-100.

[33] Davenport T H. Saving IT's soul: Human-centered information management[J]. Harvard Business Review, 1994, 72(2): 119-131.

[34] 刘一君 , 许龙 , 张同建 . 科技成果转化的知识转移机制及促进效应解析 [J]. 科技管理研究 . 2015, (8): 110-113.

[35] 马费成 . 信息资源开发与管理 [M]. 北京: 电子工业出版社 , 2004.

[36] 刘希宋,张长涛,张倩,等.知识管理与产品创新人才管理耦合机理与对策研究[M].北京:经济科学出版社,2006.

[37] Szulanski G. Exploring internal stickiness: Impediments to the transfer of best practice within the firm[J]. Strategic Management Journal, 1996, 17(2): 27-43.

[38] Ko D G, Kirsch L J, King W R. Antecedents of knowledge transfer from consultants to clients in enterprise system implementations[J]. MIS Quarterly, 2005, 29(1): 58-59.

[39] Bou-Llusar J C, Segarra-Cipres M. Strategic knowledge transfer and its implications for competitive advantage: An integrative conceptual framework[J]. Journal of Knowledge Management, 2006, 10(4): 100-112.

[40] Laframboise K, Croteau A M, Beaudry A, et al. Interdepartmental knowledge transfer success during information technology projects[J]. International Journal of Knowledge Management, 2007, 03(2): 47-67.

[41] Bond Ⅲ E U, Houston M B, Tang Y. Establishing a high-technology knowledge transfer network: The practical and symbolic roles of identification[J]. Industrial Marketing Management, 2008, 37(6): 641-652.

[42] Tang F C, Mu J F, MacLachlan D L. Disseminative capacity, organizational structure and knowledge transfer[J]. Expert Systems with Applications, 2010, 37(2): 1586-1593.

[43] 王开明,万君康.论知识的转移与扩散[J].外国经济与管理,2000,(10):2-7.

[44] 董小英.企业信息化过程中的知识转移:联想集团案例分析[J].中外管理导报,2002,(11):28-35.

[45] 许强,郑胜华.母子公司的知识转移关系和管理权分配[J].科技进步与决策,2005,(4):96-98.

[46] 谭大鹏,霍国庆,王能元,等.知识转移及其相关概念辨析[J].图书情报工作,2005,49(2):7-10.

[47] 左美云.知识转移与企业信息化[M].北京:科学出版社,2006:17-35.

[48] 李刘胜.基于公共平台的知识服务过程中知识转移影响因素研究——以上海研发平台为例[D].复旦大学硕士学位论文,2009.

[49] 刘春艳,王伟.国内外知识转移影响因素研究综述[J].图书馆学研究,2014,(8):2-6.

[50] Levin D Z, Cross R. The strength of weak ties you can trust: The mediating role of trust in effective knowledge transfer [J]. Management Science, 2004, 50 (11): 1477-1490.

[51] 吴悦,顾新.产学研协同创新的知识协同过程研究[J].中国科技论坛,2012,(10):17-23.

[52] 肖洪钧,刘绍昱.基于动态能力理论的知识转移影响因素研究[J].现代管理科学,2006,(3):9-11.

[53] 王毅,吴贵生.产学研合作中粘滞知识的成因与转移机制研究[J].科研管理,

2001, (6): 114-121.
[54] 吴想，杨洪涛．产学研合作创新知识转移影响因素分析与对策研究 [J]. 科技管理研究，2009, (9): 360-362.
[55] 刁丽琳，朱桂龙．产学研联盟契约和信任对知识转移的影响研究 [J]. 科学学研究，2015, 33(5): 723-732.
[56] 申小莉．创新网络中知识转移的影响因素研究 [J]. 科学学研究，2011, 29(3): 432-441, 460.
[57] 张睿，于渤．技术联盟组织知识转移影响因素路径检验 [J]. 科研管理，2009, 30(1): 28-37.
[58] 吴想，杨洪涛．产学研合作创新知识转移影响因素分析及对策研究 [J]. 科技管理研究，2009, (9): 360-362.
[59] 张睿，于渤，赖胜才．技术联盟组织间知识转移动因与类型研究 [J]. 情报杂志，2010, (10): 143-146.
[60] 疏礼兵．企业研发团队内部技术知识转移的过程机理与途径研究 [J]. 管理学报，2012, 9 (2) : 219-224.
[61] Canogia C. Synergy between competitive intelligence (CI), knowledge management (KM) and technological foresight (TF) as a strategic model of prospecting: The use of biotechnology in the development of drugs against breast cancer[J]. Biotechnology Advances, 2007, (1): 57-74.
[62] Cowan R, Jonard N, Ozman M. Knowledge dynamics in a network industry[J]. Technological Forecasting & Social Change, 2004, 71(5): 469-484.
[63] 项杨雪，梅亮，陈劲．基于高校知识三角的产学研协同创新实证研究 [J]. 管理工程学报，2014, 28(3): 99, 100-109.
[64] 曹兴，宋娟．技术联盟网络企业知识转移行为的仿真分析 [J]. 研究与发展管理，2010, 22(5): 23-29.
[65] 吴悦，顾新，涂振洲．基于知识流动的产学研协同创新协同关系的形成过程研究 [J]. 图书馆学研究，2015, (12): 87-93.
[66] 王韬，沈静珠，王江峰，等．信息生态系统的多主体 (Agent) 交互模型 [J]. 计算机与应用化学，2004, 21 (1): 119-121.
[67] 涂振洲，顾新．基于知识流动的产学研协同创新过程研究 [J]. 科学学研究，2013, (9): 1381-1390.
[68] Szulanski G. Exploring internal stickiness: impediments to the transfer of best practice within the firm[J]. Strategic Management Journal, 1996, (17): 27-43.
[69] 曾德明，禹献云，陈艳丽．基于多 Agent 的创新网络隐性知识转移过程建模与仿真 [J]. 管理学报，2012, 9(12): 1832-1837.
[70] 董小艳．高校科技成果产业化的对策研究 [J]. 中国高校科技，2013, (9): 16-20.
[71] 王明道，袁华，李晶．高校科技成果转化的对策研究 [J]. 科技管理研究，2011, (5):

116-118.
[72] 陈东林，张晶晶．高校科技成果转化现状及促进对策 [J]. 企业经济，2011, (12): 115-117.
[73] 沈意文．高校科技成果转化新问题与对策再思考 [J]. 科技管理研究，2011, (13): 82-84.
[74] 曹明亮．科技成果转化存在的问题及对策 [J]. 中国高校科技与产业化，2011, (4): 60-61.
[75] 卢章平，王晓晶．基于内容分析法的科技成果转化政策研究 [J]. 科技进步与对策，2013, (11): 98-103.
[76] 孟力，陈少雄．基于模拟退火神经网络的高校科技成果转化评估研究 [J]. 科技管理研究，2011, (15): 91-93, 103.
[77] 白利娟，汪小梅．基于模糊综合评判方法的陕西高校科技成果转化分析 [J]. 情报杂志，2006, (7): 46-48.
[78] 王珍珍，黄茂兴．福建省科技成果转化的调控机制优化研究 [J]. 福建论坛（人文社会科学版），2013, (2): 155-161.
[79] Yang J, Yu L. Eletronic new product development: A conceptual framework [J]. Industrial Management and ata Systems, 2002, 102: 14.
[80] 党兴华，张首魁．模块化技术创新网络节点间耦合关系研究 [J]. 中国工业经济 2005, 213(12): 85-91.
[81] 李作学，王前，齐艳霞．员工隐性知识的识别及模糊综合评判 [J]. 科技管理研究，2006, (5): 179-182.
[82] 李修全，玄兆辉，杨洋．从中美高校知识流动对比看我国高校科技成果转化特 [J]. 中国科技论坛，2014, (12): 98-113.
[83] 李玉清，许朗．高校科技成果转化的问题分析和对策研究 [J]. 科技管理研究，2006, (4): 128-131.
[84] 迟宝旭．国外高校科技成果转化机制及借鉴 [J]. 科技与管理，2005, (1): 118-122.
[85] 王先庆，王斌伟．高校科技成果转化：过程与机制 [J]. 深圳大学学报（人文社会科学版），2001, 18(2): 65-71.
[86] 刘朝晖，杨少燕．高校科技成果转化的影响因素与对策分析 [J]. 职业时空，2011, 7 (4): 11-12.
[87] 吴承春．影响高校科技成果转化的因素及对策 [J]. 中国农学通报，2004, 20 (5): 345-347.
[88] 何培忠．日本科研经费的投入与科研资助体制 [J]. 国外社会科学，2009, (3): 100-107.
[89] 刘希宋，姜树凯，喻登科．国防工业科技成果转化实施知识管理的组织模式研究 [J]. 科技进步与对策，2008, 25(7): 179-182.
[90] 曹霞，喻登科．科技成果转化知识管理绩效评价体系的构建 [J]. 科技进步与对策，

2010, 27 (17): 128-131.

[91] 要瑞璞 . 基于时序模糊模式识别的高校科技成果转化评价 [J]. 科技和产业 , 2015, (7) : 65-69.

[92] National Center for Science and Engineering Statistics. National science board science and engineering indicators[EB/OL]. http: // www.nsf.gov/statistics/seind12/start.htm[2012-01-13].

[93] 喻登科 . 科技成果转化知识管理绩效评价研究 [D]. 哈尔滨工程大学博士学位论文 , 2010.

[94] 中国技术市场管理促进中心科技统计报告——2014 年全国技术市场统计分析 [R]. 北京: 科学技术部创新发展司 , 2016, (4): 1-4.

[95] 黄伟 . 我国科技成果转化绩效评价、影响因素分析及对策研究 [D]. 吉林大学博士学位论文 , 2013.

[96] 李玉清 . 美国高校科技成果转化的经验及启示 [J]. 中国高校科技 , 2012, (Z1): 116-118.